GABRIELE BICKEL

Geschenke

aus meinem Kräutergarten

GABRIELE BICKEL

Geschenke
aus meinem Kräutergarten

FOTOS: ANNE ROGGE · JAN JANKOVIC

KOSMOS

Geschenke
aus meinem Kräutergarten

Vorwort **7**

ESSIGE
Unkompliziert und vielfältig **8**
Kräuter- und Würzessige schnell und
unkompliziert selbst herstellen.

WÜRZÖLE
Kräuter aromatisch einlegen **28**
Willkommene Geschenke für jeden Anlass:
von einfach bis ausgefallen.

KRÄUTERSALZE
Tolle Mischungen **46**
Mit jeder Kräuterkombination ein
aromatisches Geschenk.

WEINE
Liköre & Schnäpse veredeln **62**
Rezepturen mit langer Tradition: wertvolle
Tropfen mit Kräutern veredelt.

ELIXIERE
mit edlen Steinen und Ölen **82**
Pflanzengeister in der Flasche: wohltuende
und wirksame Heilgetränke.

DAS IST *wirklich* WICHTIG

....

DARAUF KOMMT'S AN! Hier erläutern wir alles, was zum Gelingen des Rezepts wirklich wichtig ist. Dort wo es sinnvoll ist, mit Bild.

TEES
liebevoll herstellen **100**

Für alles ist ein Kraut gewachsen:
von Guten-Morgen-Tee bis Husten-Tee.

KRÄUTERBÄDER
und Cremes zum Wohlfühlen **112**

Wohlfühlen und entspannen mit Ringelblume,
Rosmarin und Lavendel.

Service **122**
Register **124**
Die Akteure dieses Buches **128**

KRÄUTERGESCHENKE

selbst gemacht

Die Zeiten ändern sich – oder sind es die Menschen? Als ich vor vielen, vielen Jahren anfing, mich mit dem Thema Kräutergarten zu befassen, fühlte ich mich sehr allein auf weiter Flur, denn keiner wollte so etwas „Unnützes". Nun, sowohl die Zeit wie auch die Menschen haben sich seither geändert.

In meinem Kräuterhexenreich im Kloster Maulbronn, und nicht nur dort, habe ich in den letzten Jahren bemerkenswerte Veränderungen in den Lebensgewohnheiten der Menschen festgestellt, die mich in meinem Laden besuchen: Sie verbringen ihren Urlaub wieder gerne im eigenen Land, sie kaufen gerne Lebensmittel von regionalen Anbietern und die Geschenke, die sie suchen, sollen möglichst nützlich, einzigartig und hochwertig sein. Wohl dem, der einen Kräutergarten sein Eigen nennt, auch wenn dieser nur gemietet oder gepachtet ist.

Mit so einem Garten ist sehr viel anzustellen. Sie können Obst und Gemüse selbst anbauen, Ihren Urlaub darin verbringen und vor allem selbst Geschenke daraus zaubern. Und zwar solche, die einzigartig und preiswert sind.

Ich habe bewusst das Wort „selbst" etwas häufiger benutzt, denn Selbstgemachtes hat heute wieder enorm an Bedeutung gewonnen. Selbstmachen hat etwas mit Selbstbestimmung, Selbstachtung oder einfach mit mir selbst zu tun. Das sind alles Dinge, die uns über die Jahre irgendwie fast verloren gegangen sind und die es gilt, wieder neu zu entdecken. Höchste Zeit also, mit Selbstgemachtem wieder zu sich selbst zu finden und darüber hinaus anderen Menschen eine Freude zu bereiten.

Ich glaube, dass sich die von Ihnen Beschenkten über die in diesem Buch vorgestellten Kräutergartengeschenke nicht nur riesig freuen, sondern sich damit auch als Mensch wieder wahrgenommen fühlen. Denn es handelt sich dabei ja schließlich um mit Liebe „zusammengehexte" Unikate aus der Natur. Ich wünsche Ihnen mit meinen Rezepten gutes Gelingen und viel Freude beim Ausprobieren und Verschenken.

Ihre
Kräuterhexe Gabriele Bickel

ESSIGE
Unkompliziert und vielfältig

HAUSGEMACHTE KRÄUTER- UND WÜRZESSIGE SIND
SCHNELL UND UNKOMPLIZIERT SELBST HERZUSTELLEN.
ES KÖNNEN FAST ALLE GARTENKRÄUTER UND AUCH
BLÜTEN IN ESSIG EINGELEGT WERDEN, SODASS EINE
ENORME VIELFALT AN REZEPTUREN MÖGLICH IST. VER-
WENDEN SIE NUR HOCHWERTIGEN WEINESSIG ALS BASIS.

BORRETSCH-ESSIG
Himmelblaue Blüte mit frischer Würze

VIELE LEUTE MÖGEN DIE ETWAS DERBEN BORSTENHAARE DES BORRETSCHS NICHT UND SCHEUEN SICH, DIESE LECKEREN BLÄTTER UND BLÜTEN IN DEN SALAT ZU GEBEN. HIER BIETET SICH NUN DER UMWEG ÜBER EINEN AROMATISCHEN ESSIG AN.

Zutaten

3 Zweige frischer Borretsch mit Blüten

Schale einer halben, unbehandelten Zitrone

1 Knoblauchzehe

½ l Weißweinessig

Besonderes Werkzeug
- Schöne Flasche, Trichter und Messbecher

So geht's

1. Suchen Sie sich in Ihrem Garten drei Zweige Borretschkraut mit möglichst vielen Blüten aus. Diese werden vorsichtig unter fließendem Wasser gewaschen und mit Küchenkrepp getrocknet. Achten Sie unbedingt darauf, dass möglichst alle Blüten an den Zweigen bleiben, denn die fallen gerne ab.
Die himmelblauen Borretschblüten werden sich in der Flasche aufgrund der Säure rosa verfärben. Das ist eine normale chemische Reaktion.

2. Das gewaschene Borretschkraut anschließend vorsichtig zusammen mit der Knoblauchzehe und der Zitronenschale (in Streifen geschnitten) in eine ausreichend große Glasflasche geben.
Die Zitronenschale verleiht dem Ganzen einen fruchtig-frischen Geschmack. Ob Sie den Knoblauch dazugeben oder weglassen, liegt in Ihrem eigenen Ermessen.

3. Abschließend mit dem Essig auffüllen, sodass alle Zutaten vollständig bedeckt sind [→a]. Der Borretschessig ist nach ca. einer Woche gebrauchsfertig.

Gurkenkraut, wie diese Pflanze häufig auch genannt wird, besitzt ein ausgesprochen frisches Aroma. Borretsch passt zu allen Blattsalaten und natürlich zu Gurkensalat.

[b] BORRETSCH IN ESSIG ist eine praktische Möglichkeit, die gesamte Pflanze zu konservieren. Denn wo Borretsch wächst, ist dieses Kraut meist in größeren Mengen vorhanden.

DAS IST *wirklich* WICHTIG

[a] MIT ESSIG AUFFÜLLEN. Nachdem man den Borretsch behutsam in die Flasche gesteckt hat, wird mit gutem Weinessig aufgefüllt. Es ist sehr spannend, den Farbwechsel der Blüten zu beobachten.

[a]

[b]

BÄRLAUCH-ESSIG
Würziges Knoblaucharoma mit Orangen

DER KRÄFTIG NACH WILDEM KNOBLAUCH SCHMECKENDE WÜRZESSIG BEKOMMT DURCH DIE ORANGENSCHALE UND DEN HONIG EINE HARMONISCHE ABRUNDUNG, OHNE AUFDRINGLICH SÜSS ZU SCHMECKEN. PROBIEREN SIE SELBST!

Zutaten

15 frische Bärlauchblätter aus dem Garten

½ Orange zum Kandieren

Bei Bedarf Zucker zum Kandieren

½ l Weißweinessig

1 TL Akazienhonig

Besonderes Werkzeug
- Schöne Flasche, Trichter, Holzstab

So geht's

1. Die Erntesaison für die Bärlauchblätter dauert von Anfang März bis Ende April. Wenn der Bärlauch blüht, sind die Blätter ungenießbar.

2. Die gewaschenen und trocken getupften Bärlauchblätter in die Flasche geben, sehr einfach geht dies z. B., wenn Sie die Blätter zu einer „Zigarre" rollen. Eventuell mit einem Holzstab nachhelfen. Die Blätter dürfen auch leicht gedrückt werden, da sie dann ihr Aroma noch intensiver an den Essig abgeben.

3.a Die Orangenschale in Würfel schneiden und dazugeben. Dann mit Weißweinessig auffüllen, und zum Schluss den Akazienhonig hinzufügen [→c].

3.b Wer die Orangen kandieren möchte, geht wie folgt vor: Eine halbe Orange waschen, abtrocknen und die Schale entfernen. Danach mit einem Messer das Weiße entfernen und in längliche Streifen schneiden. Die Schalen in einen Topf geben, mit kaltem Wasser bedecken und das Ganze zum Kochen bringen [→a]. Die Schalen kurz abtropfen lassen und den Vorgang noch dreimal wiederholen, um die Bitterstoffe aus den Schalen herauszubekommen. Die Schalen abtropfen und gut trocknen lassen. Anschließend wiegen und dieselbe Menge an Zucker sowie 20 g Wasser pro 100 g Zucker mit in den Topf geben. Lassen Sie das Zuckerwasser aufkochen, geben Sie die Orangenschalen hinein und rühren Sie so lange um, bis das Zuckerwasser aufgebraucht ist. Legen Sie die Orangenschalen zum Abkühlen einzeln auf Backpapier aus und bestreuen Sie sie von allen Seiten nochmals mit Zucker [→b].

4. Die Flasche verschließen und kräftig schütteln, damit sich der Honig gleichmäßig verteilt.

Nach ca. 14 Tagen ist dieser Essig gebrauchsfertig. Zwischendurch immer mal wieder schütteln.

[a]

[b]

DAS IST
wirklich
WICHTIG

[a] DIE DÜNNE ORANGENSCHALE wird mit kaltem Wasser aufgekocht, sodass sie ihre Bitterstoffe verliert.

[b] DIE ABGEKÜHLTEN SCHALEN werden von allen Seiten gut mit Zucker bestäubt.

[c] DIE GANZEN ZUTATEN werden mit dem Weißweinessig aufgefüllt. Durch kräftiges Schütteln der geschlossenen Flasche sorgen wir für eine gute Verteilung des Honigs.

[d] WER DIE ORANGENSCHALEN nicht selbst kandieren möchte, kann als Alternative auch Orangeat aus dem Lebensmittelgeschäft verwenden. Man findet es dort bei den Backzutaten. Kandierte Früchte gibt es auch häufig in „orientalischen" Lebensmittelgeschäften.

[d]

[c]

ROSENBLÜTEN-ESSIG
mit Robinien

MEINEN ERSTEN ROSENESSIG HABE ICH IN FRANKREICH ENTDECKT.
SEITDEM STELLE ICH EIGENEN DUFTROSENESSIG HER. BESONDERS
GEEIGNET FÜR DIESE KÖSTLICHKEIT SIND DAMASZENERROSEN.

Zutaten

Blütenblätter von 6 Duftrosen,
z. B. Damaszenerrosen

10 g Robinienblüten oder
Jasminblüten, getrocknet oder
frisch

1 TL gestoßene Anisfrüchte

2 EL Akazienhonig

½ l Weißweinessig

Besonderes Werkzeug
▪ Schöne Flasche oder Karaffe,
Trichter, Mörser

So geht's

1. Die Rosenblüten werden immer am frühen Vormittag geerntet
(Blütezeit Ende Mai bis Ende Juni), da in der Mittagshitze wertvolle
Inhaltsstoffe verloren gehen würden.

2. Dann die Rosenblütenblätter vorsichtig auszupfen und in die
Flasche geben [→a]. Wenn Sie tiefrote Duftrosen verwenden, bekommt der Essig eine rosa Färbung. Die Blütenblätter bleichen
mit zunehmender Lagerzeit aus, dem Geschmack schadet dies
aber nicht.

3. Die Robinienblüten [→b] können frisch vom Baum gepflückt (Blütezeit Mai bis Juni) oder bereits getrocknet verwendet werden. Getrocknete Robinienblüten gibt es im Kräuterladen oder in der Apotheke. Werden frische Blüten verwendet, braucht man etwa ein
Viertel weniger im Vergleich zur Trockenmenge.

4. Anschließend werden die Robinienblüten zusammen mit den im
Mörser angestoßenen Anisfrüchten in die Flasche gefüllt und mit
Essig und Honig aufgegossen [→c].

5. Dieser sehr feine Rosenessig sollte vier Wochen in Ruhe reifen
können.

Der Würzessig passt zu leichten Sommersalaten, aber auch zu
feinen Desserts. Selbst für Mixgetränke ist ein Schuss Rosenessig
geeignet.

IN ARABISCHEN LÄNDERN werden Speisen und Getränke traditionell mit Rosenöl und Rosenwasser aromatisiert.
Für die Gewinnung des kostbaren Rosenöls baut man dort Zentifolien an, das sind spezielle hundertblättrige Duftrosen. Aber auch unsere europäischen Apfel- oder Essigrosen sind für diverse Rosenspezialitäten gut geeignet.

[a]

[b]

[c]

DAS IST *wirklich* WICHTIG

[a] DIE ROSENBLÜTEN werden einzeln aus dem Blütenboden gezupft.

[b] BEI DER ROBINIENBLÜTEN-ERNTE müssen wir daran denken, dass sich die Blüten in den oberen Ästen des Baumes befinden. Daher ist es etwas mühselig. Außerdem ist die Robinie ein „Stachelbaum" und kann daher zu Verletzungen beim Ernten führen. Aber sowohl der Duft wie auch der Geschmack dieser Blüten sind die Mühe wert!

[c] IN ESSIG AUSGEZOGEN, kommt die Kombination der Rosenblüten mit den Robinienblüten perfekt zur Geltung.

[d] NACH EINER REIFEZEIT von vier Wochen ist der Rosenblütenessig fertig zum Verschenken und Genießen.

Rosenblüten Essig

[d]

15

THYMIAN-ESSIG
Vollmundige Kreation für Salate

THYMIAN WÄCHST AM BESTEN IM STEINGARTENBEET, BALKONKASTEN ODER -KÜBEL. VOLLMUNDIG IST DIE RICHTIGE BEZEICHNUNG FÜR DIESE APARTE ESSIGKREATION AUS ECHTEM GARTEN-THYMIAN UND YSOP.

Zutaten

5 Zweige frischer Garten-Thymian *(Thymus vulgaris)*

5 Zweige frischer Ysop

2 Knoblauchzehen

2 bis 3 Lorbeerblätter bei Bedarf

2 EL Orangeat

½ l Rotweinessig

Besonderes Werkzeug
- Schöne Flasche, Trichter, Holzstab

So geht's

1. Die frischen Thymian- und Ysopzweige kurz abbrausen, trocken tupfen [→a] und in die Flasche stecken.
   Ysop sieht mit seinen blauen Blüten schön aus und schmeckt im Essig sehr fein. Die Blüten werden sich jedoch im Essig rosa färben. Dies ist aufgrund der chemischen Reaktion mit der Essigsäure normal. Aber auch rosa sind die Blüten sehr dekorativ.

2. Die Knoblauchzehen in Scheibchen schneiden und ebenfalls in die Flasche geben.
   Für diese Rezeptur ist der Knoblauch ein absolutes Muss. Wer möchte, kann noch zwei bis drei Lorbeerblätter dazugeben.

3. Das Orangeat bekommen Sie im Backzutatensortiment der Lebensmittelgeschäfte. Es handelt sich dabei um die kandierten Schalen der Bitterorange, die im Handel nicht als frische Frucht erhältlich ist. Das Aroma der Bitterorange passt jedoch sehr gut zu den Kräutern in diesem Essig.

4. Nachdem sich auch das Orangeat in der Flasche befindet, wird alles mit dem Rotweinessig aufgegossen.
   Auch dieser Essig sollte drei Wochen reifen können.

Der Essig eignet sich sowohl für leichte Sommersalate als auch für kräftige Wintersalate wie Feldsalat, Endivie und Radicchio. Selbst zum Einlegen von Wildfleisch oder Sauerbraten ist dieser Würzessig hervorragend.

[a]

DAS IST *wirklich* WICHTIG

[a] YSOP UND THYMIAN werden als ganze Zweige in die Flasche gesteckt.

[b] ES GIBT EINE MENGE ARTEN von Thymian im Handel. Sie können alle gleichwertig für dieses Rezept verwendet werden. Besonders delikat schmeckt Zitronenthymian, aber auch Lavendelthymian oder Quendel sind geeignet. Die entsprechende Sorte kann an der Flasche als kleine Deko befestigt werden.

[b]

ESSIGE SELBST GEMACHT
Das Wichtigste auf einen Blick

DAS EINLEGEN VON KRÄUTERN, GEMÜSE, OBST, FLEISCH UND FISCH IN ESSIG HAT EINE LANGE TRADITION UND IST EIN WICHTIGES UND NATÜRLICHES KONSERVIERUNGSMITTEL.

Bei einem Kräuteressig haben wir die Möglichkeit, nur ein einzelnes Würzkraut oder Gewürz oder aber eine Mischung von verschiedenen Kräutern und Gewürzen einzulegen. Aromatisierter Essig kann für ganz spezielle und besondere Gerichte hergestellt werden.

FRISCHE KRÄUTER
Würzessige stelle ich grundsätzlich aus frischen Kräutern her, weil ihr Aroma in diesem Fall der Trockenware vorzuziehen ist. In Essig können Sie so gut wie alle Pflanzen einlegen, denn wie bereits erwähnt, handelt es sich hierbei um ein natürliches Konservierungsmittel. Man wird in diesem Fall aber den besonders aromatischen Vertretern aus dem Pflanzenreich den Vorrang lassen.

DIE ZUTATEN
Bei den Zutaten brauchen wir uns nicht ausschließlich auf Kräuter beschränken. Ich habe schon oft mit einer Kombination aus Kräutern, Früchten, Honig und klassischen Gewürzen experimentiert. Die Ergebnisse waren immer wieder überraschend und das im positiven Sinn.
Mein Tipp: Für einen Aromaessig können Sie ohne Weiteres Tiefkühlware verwenden. Ich sage das auch deshalb, da doch immer wieder Früchte vom Vorjahr zum neuen Saisonbeginn übrig bleiben. Diese kann man dann auf solche Art und Weise zu sinnvollen Geschenken „umgestalten".

HALTBARKEIT UND LAGERUNG
Ein Würzessig ist für lange Zeit haltbar und die eingelegten Kräuter oder Früchte können nach Anbruch noch in der Flasche bleiben, d.h., ich muss sie nicht unbedingt abfiltrieren, denn sie sind ja konserviert.
Der ideale Aufbewahrungsort für Essige ist ein dunkler Schrank in einem kühlen Raum oder Keller. Auf diese Weise bleibt das Aroma länger erhalten. Bei einer zu warmen Lagerung kann es passieren, dass der Essig zu gären beginnt und dann mit dem Korken nach Ihnen schießt. In diesem Fall müssen Sie nicht nur den Korken, sondern auch den Essig entsorgen. Des Weiteren kann es immer wieder einmal passieren, dass Sie bei der Herstellung nicht ganz präzise gearbeitet haben und der Essig anfängt zu „kippen". Es gilt grundsätzlich, dass Kräuteressige, die nicht mehr ganz einwandfrei aussehen oder die einen merkwürdigen Geruch haben, weggeschüttet werden müssen und nicht mehr verwendet werden dürfen.

FRÜHLINGS-ESSIG
für Wildkräutersalate

ALLE FRÜHLINGSKRÄUTER HABEN EINEN POSITIVEN EINFLUSS AUF UNSEREN STOFFWECHSEL. BEI DIESER MISCHUNG HANDELT ES SICH NICHT NUR UM EINE AUSGEFALLENE, SONDERN AUCH UM EINE DURCHAUS GESUNDE ZUBEREITUNG.

Zutaten

5 Bärlauchblätter oder 1 Bund Schnittlauch

5 Stängel Wiesenschaumkraut oder Garten-Kresse

10 Gänseblümchen oder Duft-Veilchen

3 Löwenzahnblüten

5 Sauerampferblätter

½ l Weißweinessig

Alle Kräuter frisch verwenden.

Besonderes Werkzeug
▪ Schöne Flasche, Trichter

So geht's

1. Die Bärlauchblätter können durch Schnittlauch und das Wiesenschaumkraut durch Garten-Kresse aus dem Garten ersetzt werden. Die Blütezeit von Wiesenschaumkraut ist von April bis Mai [→a].
Anstatt der Gänseblümchen wären auch Duft-Veilchenblüten geeignet. Es werden dann aber mindestens 20 bis 30 Blüten benötigt.

2. Alle frischen Kräuter waschen und trocken tupfen.

3. Die Kräuter in einer Weißglasflasche mit dem Weißweinessig auffüllen und 14 Tage reifen lassen.

Dieser Essig ist zur Stoffwechselanregung und für Wildkräutersalate im Frühjahr ideal geeignet.

FÜR EINEN WILDKRÄUTERSALAT je eine Handvoll Sauerampferblätter, junge Löwenzahnblätter, junge Brennnesselblätter, Vogelmiere, Rote Taubnessel, einige Schafgarbenblättchen und Rucola mit einem Kopfsalat und Weißbrotcroûtons in einer Salatschüssel mischen und mit Salz, Frühlingsessig und Traubenkernöl anmachen.

[a]

DAS IST *wirklich* WICHTIG

[a] DAS WIESENSCHAUMKRAUT kann von April bis Mai geerntet werden. Seine zarten Blüten und jungen Blätter haben einen leicht scharfen, kresseähnlichen Geschmack.

[b] BEI DIESEM ESSIG achte ich immer darauf, dass auch einige der ersten Frühlingsblüten als solche in der Flasche gut erkennbar sind. So kann auch ein Essiggeschenk „blumig" daherkommen.

[b]

SOMMER-ESSIG
mit Basilikum und Apfelrosen

DIESER ESSIG WIRD DURCH FEINE BEEREN AROMATISIERT, DIE IHM AUCH
DIE LEUCHTEND ROTE FARBE VERLEIHEN. EIN TOLLER FRUCHTESSIG, DER
IN KEINEM SOMMERSALAT FEHLEN SOLLTE.

Zutaten

200 g Himbeeren

50 g Heidelbeeren

1 l Weißweinessig

1 EL Zucker

2 Stängel Basilikum

4 Duftrosenblüten, z. B. Apfel-
oder Essigrose *(Rosa gallica)* oder
'Rose de Resht'

1 Zimtstange

Besonderes Werkzeug
▪ Flaschen, Trichter, Waage

So geht's

1. Die gewaschenen oder gefrorenen Früchte werden zunächst in ein Einmachglas gegeben und dieses mit dem Essig aufgefüllt.

2. Den Ansatz lässt man nun 14 Tage stehen und schüttelt dabei gelegentlich.

3. Nach der Ruhezeit wird durch ein Mulltuch abfiltriert [→a]. Die Früchte gibt man in ein Sieb und drückt sie gründlich aus.

4. Der Fruchtessig wird nun mit dem Zucker erhitzt und rund zehn Minuten auf kleiner Flamme geköchelt [→b].

5. Währenddessen werden Basilikum und Duftrosen gewaschen. Die Duftrosenblüten müssen zusätzlich ausgezupft werden (siehe Seite 15). Beim Basilikum nimmt man den ganzen Stängel.

6. Den abgekühlten Essig füllt man zusammen mit den anderen Zutaten in sterilisierte Flaschen ab und verschließt diese gut.

7. Zur Dekoration können Sie noch einige frische Beeren mit in die Flasche geben.

DAS IST *wirklich* WICHTIG

[a] DIE BEEREN werden nach 14 Tagen abfiltriert. Wenn Sie bei diesem Rezept echte Waldhimbeeren und richtig „blaue" Heidelbeeren aus dem Wald verwenden, wird dieser Essig umso aromatischer.

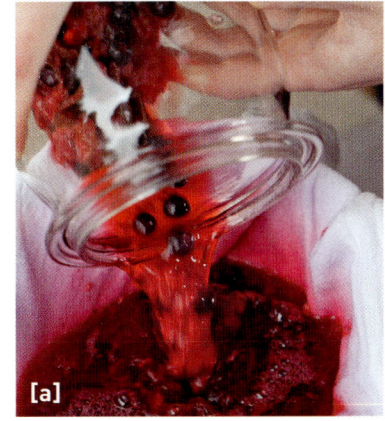

[a]

[b]

[b] DIE ABFILTRIERTE FLÜSSIGKEIT lässt man etwa zehn Minuten auf dem Herd köcheln. Vergessen Sie gelegentliches Umrühren nicht, damit sich der Zucker gut lösen kann.

[c] DIE ERNTE VON WALDFRÜCHTEN ist vielleicht nicht immer dann möglich, wenn man diesen Essig als Geschenk herstellen möchte. Daher kann man sowohl Himbeeren wie auch Heidelbeeren einfrieren. Wenn sie etwas zermatscht auftauen, ist das kein Problem. Man gibt den Saft einfach mit in den Essig.

[c]

HERBSTKRÄUTER-ESSIG
für Wildgerichte

MIT DIESEM TOLLEN ESSIG LÄSST SICH EINE WUNDERBAR HERBSTLICHE NOTE AUF DIE TELLER ZAUBERN. ZUDEM MACHT ER ALS GESCHENK IN DER FLASCHE MIT SEINEM HERRLICHEN FARBENSPIEL EINE SUPER FIGUR.

Zutaten

2 EL Hagebuttenschalen
(etwa 8 Früchte)

1 kleiner Steinpilz oder
1 EL Trockenpilze

1 Knoblauchzehe

½ l Rotweinessig

2 Zweige frischer Thymian

2 Zweige frischer Oregano

2 Zweige frischer Ysop oder
Bohnenkraut

2 getrocknete Lorbeerblätter

2 getrocknete Wacholderspitzen

Besonderes Werkzeug
- Flasche, Trichter

So geht's

1. Die gewaschenen Hagebutten von Stielansätzen befreien und mit einem kleinen Messer halbieren. Nun sorgfältig die kleinen Kerne, die Härchen und das Mark von den Schalen ablösen [→a].

2. Die Hagebuttenschalen, den in Scheiben geschnittenen und mit einem Haushaltstuch gereinigten Steinpilz (oder einen Esslöffel Trockenpilze) sowie die zerdrückte Knoblauchzehe mit dem Essig in einen Topf geben.
Anstatt des Steinpilzes können Sie auch andere Speisepilze verwenden. Sie sollten allerdings einen kräftigen Eigengeschmack haben. Von kleineren Pilzen wie Pfifferlingen, Stoppelpilzen, Hallimasch oder Stockschwämmchen nimmt man eine entsprechend größere Menge.

3. Die Flüssigkeit erhitzen und fünf Minuten köcheln lassen.

4. Anschließend abfiltrieren und die festen Bestandteile in eine ausreichend große Flasche füllen.

5. Die gewaschenen und trocken getupften Kräuter dazugeben und mit dem abgekühlten Essig auffüllen.

Dieser Essig harmoniert besonders gut mit Wildgerichten.

DAS IST
wirklich
WICHTIG

[a] HAGEBUTTEN sollten am besten nach dem ersten Frost geerntet werden, dann sind sie süßer und die kleinen Samen lassen sich einfacher entfernen.

[b] WENN ES SCHNELL GEHEN MUSS, können die Hagebutten auch ganz verwendet werden. Für ein intensives Aroma sollten sie aber mit einer Stopfnadel mehrfach gepikst werden, sodass der Saft besser herausgelöst werden kann.

[a]

[b]

WINTER-ESSIG
Geschmack des Orients

DIESER WÜRZESSIG VEREINIGT FAST ALLE DÜFTE DES ORIENTS IN SICH.
ICH EMPFEHLE IHN DAHER FÜR ALLE ORIENTALISCHEN UND ASIATISCHEN
SPEZIALITÄTEN, DIE IMMER BELIEBTER WERDEN.

Zutaten

1 Stück frischer Ingwer,
etwa daumengroß

3 frische Salbeiblätter oder
1 TL Rosmarinnadeln

3 getrocknete Lorbeerblätter

1 TL Gewürznelken

1 Stange Zimt

10 g Senfkörner

3 Sternanisfrüchte

3 Schalotten

10 g gestoßene Pfefferkörner

Schale einer halben Orange oder
kandierte Orangenschale

½ l Weißweinessig

Besonderes Werkzeug
- Flasche (ausreichend groß),
  Trichter, Mörser

So geht's

1. Die Salbei- und Lorbeerblätter zusammenrollen und in die Flasche geben, wo sie sich wieder „entfalten". Die Salbeiblätter können durch Rosmarinnadeln ersetzt werden.

2. Gewürznelken, Zimtstange, Senfkörner, Ingwer und Sternanisfrüchte ebenfalls in die Flasche geben. Sollten die Sternanisfrüchte im Ganzen zu groß sein, diese in einzelne Segmente brechen.

3. Die gewaschenen Schalotten klein schneiden und mit der Orangenschale (sieht „am Stück" gut aus) und den im Mörser aufgestoßenen Pfefferkörnern in die Flasche geben.

4. Abschließend alles mit dem Essig auffüllen.

DER WÜRZESSIG kann das ganze Jahr über hergestellt werden, denn alle Zutaten sind jederzeit im Handel zu bekommen. Sogar die Orange, wobei Sie natürlich auch Orangeat verwenden können.

[a]

DAS IST *wirklich* WICHTIG

[a] DIESER ESSIG AUS 1001 NACHT ist etwas ganz Besonderes. Optisch und geschmacklich gibt es nichts Derartiges im Handel. Also genau richtig für Kochbegeisterte, die schon „alles haben". Vielleicht fällt Ihnen noch ein orientalisches Märchen als Zugabe ein. Die Gewürze können zum Schluss noch so manche Soße veredeln oder in Fleischmarinaden verwendet werden.

WÜRZÖLE

Kräuter aromatisch einlegen

KRÄUTERÖLE SIND WILLKOMMENE GESCHENKE ZU VIELEN ANLÄSSEN, DENN INDIVIDUALITÄT IST GE-FRAGT. AUF DEN FOLGENDEN SEITEN SIND EINIGE AUSGEWÄHLTE REZEPTUREN ZUSAMMENGESTELLT. MIT ETWAS ERFAHRUNG KÖNNEN SIE SPÄTER IHRER KÜCHENTECHNISCHEN KREATIVITÄT ABER AUCH VÖLLIG FREIEN LAUF LASSEN UND DIE ERGEBNISSE EINER STAUNENDEN GÄSTESCHAR ALS GESCHENK ODER ZUR VERKOSTUNG PRÄSENTIEREN.

DAS IST
wirklich
WICHTIG

[a] EIN TOLLES ÖL für die unterschiedlichsten Salate. Wir können frische und getrocknete Zutaten verwenden. Die frischen, schmackhaften Schnittlauchblüten sind besonders dekorativ.

[a]

SALATKRÄUTER-ÖL
Feines Aroma für Salate

FÜR DIESES FEINE SALATKRÄUTERÖL WERDEN IN ERSTER LINIE TROCKENKRÄUTER VERWENDET. BASILIKUMBLÄTTER KÖNNEN ABER AUCH FRISCH EINGELEGT WERDEN. DAS ÖL PASST ZU ALLEN BLATTSALATEN UND GEMÜSESALATEN.

Zutaten

20 g Kerbelkraut

20 g Schnittlauch

20 g Trockenzwiebeln

10 g Dillspitzen

10 g Basilikumblätter, Sorte 'Genoveser Basilikum'

10 g Liebstöckelblätter

10 g weiße Pfefferkörner, gestoßen

1 Knoblauchzehe bei Bedarf

1 l Raps- oder Distelöl

Die Angaben beziehen sich auf das getrocknete Kraut. Zum Selbsttrocknen ist die doppelte Menge an Frischkräutern notwendig.

Besonderes Werkzeug

- Gründlich gespülte und gut getrocknete Flasche, Trichter, Mörser

So geht's

1. Die getrockneten Kräuter mischen und kurz im Mörser zerkleinern. Das geht bei Trockenkräutern sehr schnell. Trocknung von Kräutern siehe Seite 48 ff. sowie 102.

2. Die Pfefferkörner ebenfalls im Mörser anstoßen und mit der Kräutermischung in die trockene Flasche geben.

3. Die Knoblauchzehe in der Pfanne ohne Fett gut anrösten, damit die meiste Feuchtigkeit verdampfen kann. Dadurch bleibt die Knoblauchzehe im Kräuteröl dann länger haltbar. Anschließend mit in die Flasche geben.

4. Die Zutaten mit gutem Raps- oder Distelöl auffüllen.
   Die Kräuter und die Knoblauchzehe werden ihren Flüssigkeitsverlust durch das Trocknen wieder ausgleichen, d. h., sie saugen sich mit Öl voll und sinken auf den Boden der Flasche. Auf diese Weise werden sie konserviert.

Dieses Kräuteröl eignet sich für alle Blattsalate, auch Kartoffelsalat bekommt damit ein besonderes Aroma.

Die Variante

Frische Kräuter
Die beschriebene Rezeptur bezieht sich auf das getrocknete Kraut, sie kann auch mit frischen Kräutern hergestellt werden. Wir müssen dann jedoch darauf achten, dass sie komplett mit Öl bedeckt sind. Die frischen Kräuter müssen sehr gut trocken getupft und alle Zutaten klein geschnitten werden, bevor sie in die Flasche kommen. So können sich die Aromen schnell und gründlich entfalten. Die Knoblauchzehe kann je nach Gusto auch weggelassen werden.

KRÄUTERÖL
für Fischgerichte

DIESES KRÄUTERÖL IST ETWAS GANZ BESONDERES. SIE WERDEN ES IN KEINEM LEBENSMITTELGESCHÄFT FINDEN, DENN DIE REZEPTUR IST WIRKLICH AUSGEFALLEN. ES EIGNET SICH ZUM VERFEINERN VON VIELERLEI FISCHGERICHTEN.

Zutaten

20 g Zitronenmelisseblätter

10 g Rosmarinblätter

10 g Salbeiblätter

10 g Zitronenschale, frisch abgeschält

30 g getrocknete Dillspitzen

10 g Koriandersamen

10 g Piment

1 l Öl, ideal wäre Erdnussöl

Besonderes Werkzeug
▪ Trockene, saubere Flasche, Mörser, Trichter

So geht's

1. Die frischen Zitronenmelisse-, Rosmarin- und Salbeiblätter kurz abbrausen und sehr gut trocken tupfen. Am besten ein bis zwei Stunden an der Luft liegen lassen. Sie können auch den Rosmarin als Zweig und die Salbei- und Melissenblätter am Stängel im Ganzen hinzufügen.

2. Die Dillspitzen und Zitronenschale ebenfalls in die Flasche geben. Die Dillspitzen bitte immer getrocknet verwenden, da sie sich frisch nur sehr schlecht trocken tupfen lassen. Sehr dekorativ ist die Zitronenschale, wenn sie als dünne Spirale abgeschält wird. Dass es sich hierbei um die Schale von ungespritzten Zitronen handeln sollte, muss ich sicher nicht extra erwähnen.

3. Die Koriandersamen und den Piment im Mörser etwas anstoßen und zu den anderen Zutaten in die Flasche geben. Mit 1 l Erdnussöl aufgießen.

Die Fische werden vor dem Braten, Grillen oder Dünsten mit diesem zitronig-pikanten Öl eingepinselt.

ERDNUSSÖL ist hellgelb bis farblos und fast geruchs- und geschmacklos. Es enthält einen relativ hohen Prozentsatz an einfach ungesättigten Fettsäuren, sodass es so gut wie nicht ranzig wird und sich trotzdem sehr hoch erhitzen lässt. Es ist die ideale Grundlage für ein Würzöl zum Marinieren von Fleisch, Fisch oder Gemüse fürs anschließende Grillen oder Braten.

DAS IST *wirklich* WICHTIG

[a] VON MITTELMEER BIS NORDSEE.
Dieses Öl kann auch mit nur einem oder zwei der im Rezept angegebenen Kräuter hergestellt werden. Je nachdem schmecken die Fische dann eben mehr nach „Nordsee" oder nach „Mittelmeer". Ich persönlich möchte von allem etwas, aber die Mischung muss eben stimmen. Sollten Sie Koriandersamen übrig haben, so werden diese einfach wieder ausgesät.

WÜRZÖLE SELBST GEMACHT
Das Wichtigste auf einen Blick

ÖLE SIND AUSGEZEICHNETE GESCHMACKSTRÄGER, UND MAN BENÖTIGT JEWEILS NUR GERINGE MENGEN AN KRÄUTERN, UM VIELEN GERICHTEN EINE GANZ INDIVIDUELLE ZU NOTE GEBEN.

Wenn Sie sich selbst für die Herstellung eines Kräuterwürzöles begeistern, stellt sich zunächst einmal die Frage, welches Öl wohl das geeignetste dafür wäre. Ich gebe grundsätzlich die Empfehlung, möglichst kalt gepresste, gute Pflanzenöle mit wenig Eigengeschmack als Basisöl zu verwenden, wie Raps-, Distel- oder Erdnussöl.

FRISCHE, UNGEWASCHENE KRÄUTER

Die wichtigste Zutat für Kräuteröle ist das Würzkraut. Es kann frisch oder getrocknet in Öl eingelegt werden, wobei bei der Rezeptur mit Frischkräutern einige wichtige Dinge zu berücksichtigen sind: Zunächst müssen wir darauf achten, dass das frische Kraut so trocken wie möglich ist, d.h., es sollte möglichst nicht gewaschen werden, denn Wasser und Öl vertragen sich nun einmal nicht. Und sind frisch geerntete Blüten und Blätter wirklich so furchtbar schmutzig? Ich gebe zu, diese Fragestellung ist etwas schwierig, denn wir erkennen nur die sichtbaren Verunreinigungen. Wenn Sie jedoch der Meinung sind, dass Sie Ihren Lieben ungewaschene Kräuter nicht anbieten können, dann sollten Sie die Kräuter anschließend auf jeden Fall sehr gründlich schleudern und äußerst sorgfältig trocken tupfen.

GETROCKNETE KRÄUTER

Eine weitere Methode für die Herstellung von Würzölen ist die Verwendung von Trockenkräutern. Hier haben wir das Problem der Wasser-Öl-Unverträglichkeit nicht. Getrocknete Kräuter und Gewürze sind daher für jeden Anfänger geradezu ideale Ausgangsprodukte, um damit ein erstes Würzöl herzustellen. Trockene Kräuter saugen sich mit Öl voll und sinken dann auf den Flaschengrund. Aus diesem Grund besteht hier auch weniger die Gefahr des Verschimmelns, es sei denn, Sie legen ganze Zweige in Öl ein. Diese sollten Sie dann nach Anbruch der Flasche umgehend entfernen. Wenn Sie die eingelegten, fein geschnittenen Kräuter bei der Zubereitung Ihrer Speisen mitverwenden möchten, so müssen Sie Ihre Würzölflasche nur gründlich schütteln. Der Rest wird sich nach Abstellen der Flasche wieder am Boden ansammeln. Kräuterreste, die sich am Flaschenausguss befinden, sollten Sie jedoch immer gründlich beseitigen. Die Trocknung im Detail finden Sie auf Seite 48 ff.

TROCKNEN SIE DIE KRÄUTER SELBST. Sie benötigen dann bei den Rezepten mit Trockenkräutern die doppelte Menge an frischem Ausgangsmaterial.

PIZZA-ÖL
Ein Hauch von Mittelmeer

DIE KRÄUTER DER MITTELMEERLÄNDER GEBEN DIESEM ÖL SEINE BESONDERE WÜRZE. ES WIRD MIT ZUR PIZZA SERVIERT, SODASS SIE JEDER SELBST DAMIT VERFEINERN KANN. DAS ÖL SCHMECKT AUCH ZU ANDEREN MEDITERRANEN SPEISEN.

Zutaten

30 g frische Thymianblätter

30 g frische Rosmarinblätter

30 g frischer Oregano

10 g getrocknete Pimentfrüchte

5 g Chilischoten

1 Knoblauchzehe

1 l Olivenöl

Besonderes Werkzeug
- Saubere, trockene Flasche, Mörser, Trichter

So geht's

1. Die Kräuterblätter ernten, kurz abbrausen und sehr gut trocken tupfen. Rosmarin und Thymian können auch als kleine Zweige in Öl eingelegt werden.

2. Pimentfrüchte kurz im Mörser anstoßen. Pimentfrüchte schmecken scharf-aromatisch und erinnern im Duft etwas an Gewürznelken. Daher auch der Name „Nelkenpfeffer" – wir haben dieses Gewürz übrigens keinem Geringeren als Christoph Kolumbus zu verdanken, der es aus der Neuen Welt nach Europa mitbrachte.

3. Die in diesem Rezept verwendete Knoblauchzehe kann kurz in einer Pfanne ohne Fett angeröstet werden. Die Chilischoten von den Kernen befreien und in kleine Stücke oder Ringe schneiden [→a]. Dabei Gummihandschuhe tragen.
Obwohl die meisten Kräuter- und Würzöle kalt angesetzt werden können, empfiehlt es sich für manche Rezepturen, die Gewürze kurz in Öl zu erwärmen (nicht erhitzen!), um ein volles Aroma zu bekommen. Beispiele sind Chilischoten, Knoblauch, Zimt oder Salbei.

4. Alle Zutaten in eine ausreichend große Flasche geben und mit dem Olivenöl auffüllen. Das Öl 14 Tage reifen lassen.

CHILISCHOTEN GIBT ES IN VERSCHIEDENEN SCHÄRFEGRADEN, sodass man eher sparsam damit würzen sollte. Alle enthalten das scharfe und schleimhautreizende Capsaicin. Es ist daher sinnvoll, Gummihandschuhe zu tragen, wenn man in der Küche mit Chilischoten arbeitet.

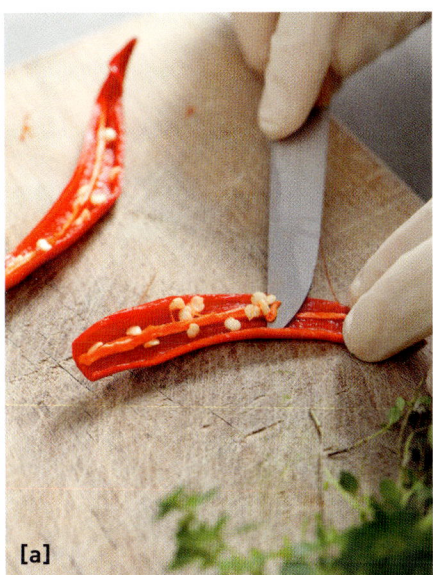

[a]

DAS IST
wirklich
WICHTIG

....

[a] BEI DEN CHILISCHOTEN müssen
Sie unbedingt die kleinen Kerne entfernen. Man halbiert die Schote am
besten der Länge nach und zieht
dann die Samen mit einem scharfen
Messer ab. Ein bis zwei Minischoten
reichen für 1 l Öl.

[b] GETROCKNETE SCHÄRFE. Wenn
keine frischen Chilischoten vorhanden sind, können auch getrocknete
verwendet werden. Diese sind jedoch
oft noch schärfer als frische, sodass
sie unbedingt sparsam eingesetzt
werden sollten. Geben Sie dieses Öl
am besten in eine Flasche mit Aus-
gussportionierer, sodass es sparsam
auf der Pizza landet.

[b]

BASILIKUM-LORBEER-ÖL
für Tomate-Mozzarella

EINE TOLLE HARMONIE AUS BASILIKUM UND LORBEER ZEICHNET DIESES LEUCHTEND GRÜNE ÖL AUS, DAS SO WUNDERBAR ZU TOMATE MIT MOZZARELLA PASST. ABER AUCH ÜBER SCHAFSKÄSEWÜRFEL GETRÄUFELT SCHMECKT ES DELIKAT.

Zutaten

3 Stängel frisches Basilikum

2 Knoblauchzehen

6 getrocknete Lorbeerblätter

½ l Olivenöl

Besonderes Werkzeug

- Saubere, getrocknete Flasche, Trichter

So geht's

1. Bei dieser Rezeptur habe ich frische und getrocknete Kräuter gemischt.
   Die frischen Basilikumstängel werden vorsichtig abgewaschen, gründlich trocken getupft und in die Flasche gegeben.

2. Die Knoblauchzehen in der Pfanne ohne Fett kurz anrösten, um sie für das Öl haltbarer zu machen.

3. Die gerösteten Knoblauchzehen zusammen mit den ganzen, leicht eingerissenen Lorbeerblättern [→a] in eine Flasche geben und mit Olivenöl aufgießen.

Nach 14 Tagen Ruhezeit können Sie ein delikat schmeckendes Kräuteröl probieren, das nicht nur mit Tomaten und Mozzarella lecker schmeckt.

FÜR DIE HERSTELLUNG VON WÜRZÖL AUF OLIVENÖLBASIS verwende ich natives Olivenöl extra, das sogenannte „Jungfernöl" (Extra Virgine) der ersten Pressung. Es zeichnet sich durch seinen erlesenen Geschmack aus und trägt meine Lieblingsfarbe, ein zartes Olivgrün. Olivenöl bzw. aromatisierte Olivenöle sollten immer kühl, luftdicht und dunkel gelagert werden.

DAS IST *wirklich* WICHTIG

[a] **DIE LORBEERBLÄTTER** müssen etwas eingerissen werden. So können sie ihr Aroma an das Öl besser abgeben. Das ist wichtig für den Geschmack.

[b] **ICH EMPFEHLE** für dieses Rezept getrocknete Lorbeerblätter, da die frischen häufig noch sehr viele Bitterstoffe enthalten. Das Würzöl sollte aber mild und abgerundet schmecken.

[b]

[a]

39

THYMIAN-ÖL
Feines Aroma zum Marinieren

SAMMELN SIE DEKORATIVE KLARE GLASFLASCHEN UND BEGLÜCKEN SIE IHRE LIEBEN MIT EINEM SELBST GEMACHTEN THYMIANÖL. ES WIRD SCHNELL UND UNKOMPLIZIERT HERGESTELLT UND SIEHT HÜBSCH AUS.

Zutaten

50 g frische Thymianblätter

10 frische Salbeiblätter

3 Sternanisfrüchte

½ l Sonnenblumenöl

Besonderes Werkzeug

- Saubere, trockene Flasche, Trichter

So geht's

1. Die Kräuterblätter erst nach dem Waschen und Trockentupfen von den Zweigen zupfen.

2. Anschließend die Kräuter in die Flasche füllen.

3. Die Sternanisfrüchte möglichst ganz in die Flasche geben und mit dem Sonnenblumenöl auffüllen.
   Das Sonnenblumenöl kann, je nach Gewinnung und Sorte, ein eigenes Aroma entwickeln. Diese Tatsache ist bei diesem Rezept jedoch kein Nachteil, da es sich um ein kräftiges Würzöl handelt.

Das würzige Thymianöl ist besonders für das Marinieren von Fleisch, zum Braten oder zum Grillen geeignet. Aber auch Pizza- oder Fladenbrotteig kann mit dieser Ölmischung verfeinert werden.

SONNENBLUMENÖL ist blassgelb, klar und von mildem Geschmack. Es gehört zu den besten Allzweckölen und kann zum Braten, Kochen und Backen sowie für Salatsoßen und natürlich auch zum Herstellen von Würzölen verwendet werden.

DAS IST
wirklich
WICHTIG

[a] DIE ÄTHERISCHEN ÖLE von Thymian lösen sich besonders gut in Öl, sodass ein sehr aromatisches Würzöl daraus entsteht. Man kann diesen Effekt noch verstärken, indem man das Kraut etwas mit dem Wiegemesser schneidet. Übrigens lässt sich in diesem Öl auch gut baden. Besonders in Erkältungszeiten.

Name — Thymianöl

Ort — Mein Kräutergarten

[a]

41

KRÄUTERÖL DER PROVENCE
Kulinarischer Genuss des Südens

DIE PROVENCE VERBINDET MAN MIT SONNE, WÄRME, VIELEN DÜFTEN UND EINER SÜDLÄNDISCHEN LEBENSWEISE. MIT DIESEM WÜRZÖL SCHICKEN SIE IHRE LIEBEN AUF KULINARISCHE WEISE IN DEN URLAUB.

Zutaten

10 g getrocknete Thymianblätter

10 g getrocknetes Bohnenkraut

10 g getrockneter Oregano

10 g getrocknete Rosmarinblätter, auch frisch möglich

10 g getrocknete Majoranblätter

10 g getrocknete Fenchelfrüchte

10 g getrocknete Korianderkörner

10 g getrocknete Pfefferminzblätter

10 g frische Lavendelblüten

10 g Zitronenschale

1 l Sonnenblumenöl

Besonderes Werkzeug
- Saubere, trockene Flasche, Trichter, Mörser

So geht's

1. Die getrockneten Kräuter [→a], mit Ausnahme der Koriander- und Fenchelfrüchte, in eine schöne Flasche geben. Trocknung siehe Seite 48 ff. und 102.

2. Die Lavendelblüten werden am besten zur Mittagszeit unmittelbar nach dem Öffnen geerntet (Blütezeit Juni bis August/September).

3. Koriander und Fenchel im Mörser anstoßen und zu den anderen Zutaten in die Flasche geben.

4. Die frisch abgeschälte Zitronenschale kann klein geschnitten oder in Spiralform zugegeben werden.

5. Den gesamten Flascheninhalt nun mit 1l Sonnenblumenöl auffüllen und ca. 14 Tage ziehen lassen.

Füllen Sie das Öl in eine dekorative oder bauchige Flasche, um die Kräuter der Provence, quasi als Urlaubssouvenir in Öl, zu konservieren.

DIE LAVENDELBLÜTEN können frisch oder getrocknet für dieses Öl verwendet werden. Achten Sie bei der Sorte auf tiefila blühende und kompakte Blütenstände, denn es gibt inzwischen viele Lavendelarten im Handel.

[a]

DAS IST *wirklich* WICHTIG

[a] ROSMARIN können Sie auch frisch verwenden. Entweder geben Sie ganze Zweiglein in das Öl oder Sie streifen die kleinen Nadeln mit den Fingern ab.

[b] WEGEN DER VIELFALT der Kräuter, die für dieses Öl in die Flasche wandern, habe ich mich für die getrocknete Variante entschieden. Bitte denken Sie unbedingt daran, dass sich getrocknete Kräuter mit Öl vollsaugen, sodass Sie immer noch einen Rest Sonnenblumenöl zum Nachfüllen bereithalten. Getrocknete, vollgesogene Kräuter sinken auf den Flaschenboden.

[b]

ZIMT-ÖL
Exotischer Winterzauber

ZIMT BESITZT EINEN EXOTISCHEN GESCHMACK UND IST IN ÖL EIN EHER UNGEWÖHNLICHER ANBLICK. MIT GEWÜRZNELKEN UND KARDAMOM AROMATISIERT, IST DAS ÖL IST EIN GANZ BESONDERES GESCHENK.

Zutaten

4 Zimtstangen (Ceylonzimt)

20 g Kardamomkapseln

20 g Gewürznelken

1 l Erdnussöl

Besonderes Werkzeug

- Saubere, trockene Flasche, Trichter

So geht's

1. Die Zimtstangen, je nach Flaschengröße und Bedarf, einmal durchbrechen und in die Flasche geben. Bitte stellen Sie sicher, dass es sich um Ceylonzimt handelt (muss auf der Packung stehen).

2. Kardamomkapseln und Nelken ebenfalls in die Flasche geben und mit dem Erdnussöl auffüllen.
Wenn Sie Kardamomkapseln kaufen, achten Sie bitte unbedingt auf Qualität, da es enorme Unterschiede gibt. Die beste Erfahrung habe ich mit ganzen, grünen Kapseln gemacht. Diese sollten auch noch unversehrt sein, denn die aromatischen Samen befinden sich im Inneren der Kapseln.

Auch wenn bisher nur wenige Gartenfreunde einen Zimtbaum im Wintergarten kultivieren, möchte ich Ihnen diese Rezeptur für ein außergewöhnliches Geschenk nicht vorenthalten. Denn Zimtöl ist ein geschmackliches Highlight als Ausbacköl für Waffeln, Pfannkuchen oder für Früchte und Gemüse im Teigmantel. Als Grillöl für Geflügel bietet sich diese Würzspezialität ebenfalls an. Damit man es hoch erhitzen kann, wird Erdnussöl als Basisöl verwendet.

ZIMTBAUM *(Cinnamomum zeylanicum)*. Das unverwechselbare Zimtaroma ist vor allem in der rötlichen Rinde des Zimtbaums gespeichert, die man zu diesem Zwecke von geschlagenen Zweigen abzieht. Die Zimtrinde wird von ca. zwei Jahre alten Zweigen gewonnen. Die tropische Pflanze kann ganzjährig im beheizten Wintergarten mit hoher Luftfeuchte oder von Mai bis September an einem geschützten Platz im Freien auch bei uns gezogen werden.

DAS IST
wirklich
WICHTIG

[a] ACHTEN SIE BEI DER HERSTELLUNG dieses Öles unbedingt darauf, dass Sie wirklich Ceylonzimt verwenden. Wenn Sie den Zimt kaufen, muss das auf der Packung stehen. Der auch im Handel erhältliche Cassiazimt ist ungeeignet, da er weniger Aroma besitzt und gesundheitlich nicht unbedenklich ist.

[a]

KRÄUTERSALZE

Tolle Mischungen

KRÄUTERSALZ IST EINE DER ÄLTESTEN KRÄUTER-
ZUBEREITUNGEN IN DER KÜCHE, DENN ES VERSTÄRKT
DEN GESCHMACK VON SPEISEN UND KONSERVIERT.
KRÄUTERSALZE KÖNNEN IN VIELEN VARIATIONEN
ZUSAMMENGESTELLT WERDEN. NEBEN EINZEL-
KRÄUTERSALZEN WIE BASILIKUMSALZ, MAJORAN-
SALZ ODER ROSMARINSALZ IST FAST JEDE KRÄUTER-
KOMBINATION FÜR TOLLE GESCHENKE MÖGLICH.

SALZ FÜR ALLE FÄLLE
Eine ideale Mischung

DIESE KRÄUTERSALZMISCHUNG ENTSTAND VOR VIELEN JAHREN, ALS MIR DAS EINHEITSAROMA DER IM HANDEL BEFINDLICHEN KRÄUTERSALZE ZU SELLERIELASTIG WAR. DIE MISCHUNG IST IDEAL ZUM NACHWÜRZEN VON FAST ALLEN GERICHTEN.

Zutaten

5 g Bohnenkraut

5 g Kerbel

5 g Basilikum

5 g Rosmarin

5 g Oregano

5 g Liebstöckelblätter

5 g Koriander

5 g Bärlauch

60 g Meersalz

Alle Kräuter in getrockneter Form. Zum Trocknen die doppelte Menge an Frischkräutern als Ausgangsmaterial verwenden.

Besonderes Werkzeug
▪ Waage, Mörser, Mixer

So geht's

1. Alle Kräuter, mit Ausnahme von Koriander, Liebstöckelblättern und Bärlauch, zu kleinen Sträußchen binden und kopfüber an einem sehr warmen, schattigen und zugfreien Ort trocknen [→a bis b].

2. Liebstöckelblätter und Bärlauch auf niedrigster Stufe bei gekippter Tür im Backofen trocknen. Das duftet toll!

3. Alle getrockneten Kräuter, außer Koriander, mischen und grob im Mixer zerkleinern.

4. Koriandersamen im Mörser anstoßen und zu der Kräutermischung geben.

5. Die Zutaten mit dem Meersalz mischen und solange mörsern, bis eine farblich gleichmäßige Salzmischung entstanden ist.

Von dieser Mischung sollten Sie gleich mehr zubereiten, da sie erfahrungsgemäß schnell verbraucht ist. Sie schmeckt einfach zu gut.
Das „Salz für alle Fälle" eignet sich zum Nachwürzen von Fleisch, Fisch, Salaten, Gemüsen, Eintöpfen und vielen anderen Speisen.

DAS IST *wirklich* WICHTIG

[a] WENN SIE KRÄUTERSTRÄUSS-CHEN zum Trocknen binden, achten Sie darauf, dass Sie diese nicht zu voluminös ausfallen lassen. Die Luft sollte gut durch die einzelnen Zweige gelangen können.

[b] WÄSCHELEINEN oder Kleiderbügel aus Draht sind gute Aufhängemöglichkeiten für Ihre Kräuterschätze. An einem warmen und zugfreien Ort sind die Kräuter dann sehr schnell trocken und bewahren ihr Aroma.

[c] BEWAHREN SIE DAS FERTIGE SALZ immer in gut schließenden Gefäßen auf, sodass sich keine Feuchtigkeit bilden kann. Es gibt auch Dekogläser für Salz. Diese dürfen dann immer auf dem Esstisch stehen bleiben.

[c]

[b]

49

TOMATEN-WÜRZSALZ
Sommer zum Verlieben

BASILIKUM GEHÖRT ZU DEN BELIEBTESTEN SOMMERKRÄUTERN. IN SALZ VERFEINERT UND MIT FRISCHEN TOMATEN AUS DEM EIGENEN GARTEN SERVIERT, SIND DIE BEIDEN EIN UNSCHLAGBARES GESPANN.

Zutaten

20 g Basilikum

10 g Oregano

10 g Petersilie

60 g Meersalz

Kräuter alle in getrockneter Form. Zum Trocknen die doppelte Menge an Frischkräutern als Ausgangsmaterial verwenden.

Besonderes Werkzeug
- Mörser, Waage, Edelstahlschüssel zum Mischen

So geht's

1. Frisches Basilikum und Oregano an einem schattigen, warmen Ort trocknen. Achten Sie bei Basilikum auf eine kleinblättrige Sorte, da diese schneller trocknet.
Getrocknetes Basilikum besitzt nicht mehr das intensive Aroma wie im frischen Zustand. Aus diesem Grund habe ich etwas Oregano und Petersilie dazugehext.

2. Die Petersilienblätter auf einem Backblech im Backofen bei gekippter Backofentür auf niederster Stufe trocknen.

3. Nun mit den abgestreiften Blättern und Blüten von Basilikum und Oregano mischen und zusammen mit dem Meersalz (Körnungsgrad fein) vermengen [→a].

4. Portionsweise im rauen Mörser verreiben [→b] und zum Schluss alles zusammen zu einer homogenen Masse, d. h. gleichmäßig verteilte Bestandteile, vermischen und in einem gut schließenden Glas lagern.

Dieses Kräutersalz schmeckt nicht nur zu Tomaten, sondern auch zu vielen anderen Gerichten.

BASILIKUM ist sehr wärmebedürftig und witterungsempfindlich. Deshalb empfehle ich, es in Töpfen anzubauen und zu pflegen. In einem Topf von etwa 12 cm Durchmesser können drei bis vier Pflanzen untergebracht werden. Die Töpfe stellt man an einer Südseite, geschützt vor Wind, Wetter und Schnecken, im Freien auf.

DAS IST *wirklich* WICHTIG

[a]

TOMATEN-WÜRZSALZ

[b]

[a] DIE KRÄUTER werden immer unmittelbar vor dem Verarbeiten im Mörser abgestreift und zerkleinert, sodass sich die ätherischen Öle direkt mit dem Salz verbinden können. Salz ist übrigens ein natürlicher Geschmacksverstärker.

[b] MIT DEM PISTILL (Mörserstößel) immer wieder gründlich verreiben und mischen, sodass eine gleichmäßige Verteilung der Kräuter im Salz entsteht.

[c] DAS FERTIGE TOMATENSALZ in ein schönes Glas füllen und richtig gut verschließen, sodass das Aroma der Kräuter erhalten bleibt. Es entwickelt sich eventuell sogar noch etwas mehr im „geschlossenen Raum".

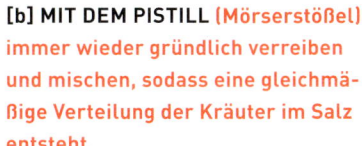

[c]

[a]

DAS IST
wirklich
WICHTIG

[a] DAS ÄTHERISCHE ÖL des Lavendels wird durch das Verrühren im Mörser mit dem Salz verbunden, sodass das Aroma dennoch vorhanden bleibt. Diese Salzrezeptur ist zwar etwas aufwendiger, aber das Ergebnis belohnt die Mühe. Sollte es Ihnen schwerfallen, die Lavendelblüten „kleinzukriegen", so können Sie diese auch wieder entfernen.

[b] DIE BLÜTEN sehen auch als Deko für dieses Salz gut aus. Schreiben Sie ein kleines Etikett mit den Inhaltsstoffen für dieses Geschenk, sodass der Beschenkte die einzelnen Aromen herausschmecken kann.

[b]

SALZ DER PROVENCE
Aroma des Südens

IN DIESER SALZMISCHUNG VEREINEN SICH ALLE AROMEN DER KRÄUTER AUS DEM SÜDEN FRANKREICHS. DAS VERWENDETE MEERSALZ KOMMT EBENFALLS AUS DEM FRANZÖSISCHEN MITTELMEER UND UNTERSTÜTZT DIE FEINEN KRÄUTERAROMEN.

Zutaten

5 g Basilikum

5 g Rosmarin

2 g Krauseminze

5 g Oregano

5 g Majoran

5 g Bohnenkraut

5 g Fenchelfrüchte

5 g Anisfrüchte

5 g Koriandersamen

2 g Lavendelblüten

150 g Meersalz fein

Alle Kräuter in getrockneter Form verwenden.

Besonderes Werkzeug
- Waage, Mixer oder Fleischwolf, Mörser, Edelstahlschüssel, Weithalsglas

So geht's

1. Basilikum-, Rosmarin-, Krauseminze-, Oregano- und Majoranblätter sowie das Bohnenkraut trocknen, abzupfen und mischen [→a].

2. Diese Mischung schon einmal kurz in den Mixer oder Fleischwolf geben, um die Kräuter grob zu zerkleinern.

3. Fenchel, Anis und Koriandersamen im Mörser anstoßen und zu der Kräutermischung geben.

4. Mit dem Meersalz vermengen und erst zum Schluss die Lavendelblüten dazugeben.

5. Diese Mischung portionsweise im Mörser verreiben und in ein Weithalsglas geben, einmal umrühren und gut verschließen.

Die Salzmischung passt zu Fisch- und Fleischgerichten der Provence.

Die Variante

Kräutersalz „Italien"
Je 6 g getrockneter Oregano, Majoran, Basilikum, Bohnenkraut, Thymian, Rosmarin sowie 64 g Meersalz. Die Kräuter so lange mit dem Salz mörsern, bis eine farblich gleichmäßige Mischung entstanden ist.
Diese Kräutermischung sollten Sie sich in einer größeren Menge auch ohne Salz auf Lager legen, da sie sehr vielfältig verwendet werden kann.
Die Würzkräuter sind mit und ohne Salz nicht nur für italienische Gerichte geeignet.

DAS IST *wirklich* WICHTIG

[a] BITTE ACHTEN SIE DARAUF, dass das Majoransalz wie alle Kräutersalz-mischungen in ein gut schließendes Gefäß gefüllt wird. Nur dann kann es sein wunderbares Aroma bewahren. Einfach traumhaft zu Bratkartoffeln!

MAJORAN-SALZ
Würze für deftige Speisen

MAJORAN IST EINE DER BEKANNTESTEN GEWÜRZPFLANZEN. ALS FEIN GEMÖRSERTE SALZMISCHUNG PASST IHR AROMA IDEAL ZU DEFTIGEN GERICHTEN UND KANN HERVORRAGEND ZUM NACHWÜRZEN VERWENDET WERDEN.

Zutaten

30 g getrocknete Majoranblätter

70 g Meersalz

Besonderes Werkzeug
- Waage, Mörser, Edelstahlschüssel

So geht's

1. Den Majoran als Büschel trocknen (etwa 60 g) und anschließend die Blätter mit einem alten Kamm abrebeln. Trocknung siehe Seite 48 ff. sowie 102.
   Bitte achten Sie beim Kauf von Majoranpflanzen darauf, dass Sie auch tatsächlich den „Wurstmajoran" *(Origanum majorana)* bekommen, da Majoran gerne mit Oregano oder Dost verwechselt wird. Am besten ein Blättchen zwischen den Fingern zerreiben und eine Duftprobe machen. Majoran riecht nicht nach Minze.

2. Beide Zutaten werden gemischt und in einem Mörser fein verrieben. Das Salz sollte eine einheitliche Farbe haben.

3. Majoransalz kann sehr gut in einen Gewürzstreuer abgefüllt und gelagert werden, da es sich sehr fein vermörsern lässt. Das Salz ist in erster Linie zum Nachwürzen bei Tisch gedacht.

Die Variante

Bohnenkrautsalz
40 g getrocknetes Bohnenkraut (einjähriges Sommer-Bohnenkraut oder mehrjähriges Berg-Bohnenkraut), 60 g Meersalz.
Das Bohnenkraut (etwa 80 g frisches Kraut) nach der Ernte als Büschel trocknen und anschließend die Blätter mit einem Kamm abrebeln.
Die Zutaten werden gemischt, mit dem Mörser verrieben und danach in ein Gewürzglas abgefüllt. Dieses Kräutersalz eignet sich vor allem für Bohnengerichte, aber auch für Linsen oder Fleisch.

MAJORAN ist eine einjährig kultivierte Pflanze, die es gerne sonnig mag und sparsame Wassergaben braucht. Sie zählt zu den bekanntesten Gewürzpflanzen. Insbesondere ihre Blätter und Stängel sind sehr würzig und sollten vor den Blüten (Juni bis September) geerntet werden.

SALZE SELBST GEMACHT
Das Wichtigste auf einen Blick

SALZ GEHÖRT ZU UNSEREN WICHTIGSTEN KONSERVIERUNGSSTOFFEN. VERMENGT MIT KRÄUTERN IST ES EIN AROMATISCHER HOCHGENUSS, DA SALZ AUCH EIN NATÜRLICHER GESCHMACKSVERSTÄRKER IST.

KLEINE KUNDE VOM SALZ

Zur Herstellung eines Kräutersalzes benötigen wir einen Mörser, Salz und getrocknete Kräuter. Nun gibt es jedoch verschiedene Salze. Von der Körnung wie fein, sehr fein, körnig, Hagel- oder Kristallsalz einmal abgesehen, müssen wir uns noch zwischen Salinensalz und Meersalz entscheiden.

Salinensalz wird in Salzbergwerken abgebaut und meistens als wässrige Salzlösung, der Sole, in die Fabrik zur Weiterverarbeitung geleitet. Dort wird das Salz von Begleitstoffen gereinigt und durch Wasserentzug wieder auskristallisiert. Salinensalz besitzt aufgrund seiner Gewinnung keinen natürlichen Jodgehalt. Jod wird hier als lebenswichtiges Element teilweise zugesetzt.

Etwas anders verhält es sich bei Meersalz. Wie der Name schon sagt, handelt es sich hier tatsächlich um Salz aus dem Meer. Meersalz ist aus ernährungsphysiologischer Sicht das wertvollere Salz, da sich in der getrockneten Substanz nicht nur Natriumchlorid, sondern auch noch jede Menge andere Mineralien und ein natürlicher Jodgehalt befinden. Ich verwende für meine Kräutersalzmischungen grundsätzlich nur diese Salzart. Geschmacklich besteht kein Unterschied, sodass es Ihnen überlassen ist, welches Salz Sie für Ihre Rezepturen verwenden.

EIGENES KRÄUTERSALZ

Die Herstellung eines Kräutersalzes ist denkbar einfach. Salz und getrocknete Kräuter werden gemischt und mit dem Stößel im Mörser fein verrieben. Durch diesen Vorgang werden beide Bestandteile feinst vermengt und durch die Wirkung der Adhäsionskräfte (= Aneinanderhaften) eine Trennung von Salz und Kräutern verhindert. Genau das würde passieren, wenn Sie beides bloß mischen würden. Das Kräutersalz ist „fertig", wenn es intensiv duftet und eine einheitliche „Farbe" vorweist. Der Kräuteranteil kann zwischen 10 und 30 %, auf 100 g gerechnet, liegen – je nach Geschmack und Salzvorliebe.

Kräutersalz kann man gut auf Vorrat herstellen. Es ist in dicht schließenden Gefäßen praktisch „ewig" haltbar.

Die Frage nach der Herstellung mit Frischkräutern erübrigt sich in diesem Zusammenhang, denn Feuchtigkeit und Salz passen nun wirklich nicht in eine Dose. Salz wirkt nämlich hygroskopisch, d.h. Wasser anziehend.

SALATKRÄUTER
Feine Würze ohne Salz

DIE AROMATISCHE MISCHUNG IST IDEAL ZUM WÜRZEN VON ALLEN SALATEN. DA DIE MISCHUNG KEIN SALZ ENTHÄLT, IST SIE AUCH FÜR MENSCHEN GEEIGNET, DIE AUF KOCHSALZ VERZICHTEN MÜSSEN ODER WOLLEN.

Zutaten

20 g Petersilienblätter

10 g Sellerieblätter

20 g Zwiebelstückchen

20 g Dillspitzen

20 g Schnittlauchröllchen

10 g Paprikaflocken (Spitzpaprika)

Alle Zutaten in getrockneter Form.

Besonderes Werkzeug
- Mixer oder Fleischwolf, Waage, Schüssel

So geht's

1. Alle Kräuter können selbst getrocknet werden (man braucht dann als Ausgangsmaterial die doppelte Menge an Frischkräutern). Dazu alle Blätter, außer Dillspitzen und Schnittlauchröllchen, im Backofen bei angelehnter Tür und niedrigster Temperatur auf einem Backblech trocknen. Es ist empfehlenswert, die Zwiebel bereits fertig getrocknet zu kaufen [→a].

2. Die Dillspitzen separat auf einem Bogen Papier an einem warmen Ort lufttrocknen.

3. Kleine Spitzpaprikaschoten auf einen Bindfaden fädeln und luftig aufgehängt an einem sehr warmen Ort trocknen. In diesem besonderen Fall darf auch die Sonne mithelfen.

4. Bei dieser Mischung werden alle Kräuter in getrocknetem Zustand gemischt [→b]. Am besten im Mixer klein zermahlen. Auch die gut getrocknete Paprika wird durch den Mixer „gejagt", da wir sie in geschroteter Qualität und nicht als Pulver verwenden.

Damit Petersilie, Dill, Schnittlauch und Sellerieblätter nicht ausbleichen, sollten Sie Ihren Vorrat der Salatkräutermischung immer dunkel aufbewahren [→c].

[a]

[b]

DAS IST *wirklich* WICHTIG

[a] DIE ZWIEBEL sollten Sie sich am besten getrocknet kaufen und so unter die Kräuter mengen.

[b] DIE GETROCKNETEN KRÄUTER müssen gut durchmischt werden. Bei kleineren Mengen reicht ein Mörser.

[c] DIESE SALATKRÄUTER-MISCHUNG hat sich sehr bewährt und passt eigentlich zu allen Blattsalaten. Ich würde sie als „Grundmischung" bezeichnen, denn sie eignet sich sowohl als Basissalatgewürz wie auch als Mischung, die mit weiteren getrockneten oder auch frischen Kräutern geschmacklich verändert werden kann. Sie muss immer dunkel aufbewahrt werden.

[d] VERSCHENKEN SIE einfach einen Korb mit frischen Blattsalaten und eine hübsche Dose voll mit den bunten Salatkräutern.

[c]

[d]

BROTKRÄUTER
Selbst gebackenes Brot verfeinern

DIE WÜRZMISCHUNG VERLEIHT IHREM BROT EINEN EINMALIGEN, ANGENEHM KRÄUTRIGEN GESCHMACK. SIE WIRKT DARÜBER HINAUS WOHLTUEND SOWIE VERDAUUNGSFÖRDERND UND IST FÜR ALLE TEIGARTEN GEEIGNET.

Zutaten

20 g Petersilienblätter

20 g Brennnesselblätter

10 g Liebstöckelblätter

10 g Koriander, gemahlen

10 g Kümmelfrüchte

10 g Senfkörner, gemahlen

5 g Kamilleblüten

5 g Anis

5 g Fenchelfrüchte

5 g Schabzigerklee

Alle Kräuter in getrockneter Form.

Besonderes Werkzeug
▪ Waage, Schüssel, Mörser, Mixer

So geht's

1. Alle „Blattkräuter" auf dem Backblech bei niedrigster Temperatur und angelehnter Tür im Backofen trocknen. Hierfür jeweils die doppelte Menge an Frischkräutern als Ausgangsmaterial für die Trocknung verwenden.

2. Koriander, Kümmel, Anis, Fenchel und Senfkörner mischen und im Mörser zerstoßen.

3. Diese „Früchtemischung" mit den getrockneten Kamilleblüten zu den Blattkräutern geben, nochmals mischen und alles im Mixer sehr fein zermahlen. Das ist wichtig, da man im Brot nicht auf den Bestandteilen der Mischung herumbeißen soll. Auch das Aroma verteilt sich so besser im ganzen Teig.

4. Zum Schluss den feinst gemahlenen Schabzigerklee dazu mischen und in ein gut schließendes Gefäß geben. Dunkel lagern.

Als Anfangsdosierung empfehle ich zunächst einen gehäuften Esslöffel auf 500 g Teig, wobei je nach Geschmack variiert werden kann.

SCHABZIGERKLEE ist ein botanischer Verwandter des Bockshornklees. Die getrockneten Blätter dieser Pflanze werden fein gepulvert und entwickeln einen sehr würzigen Duft und Geschmack. In den Alpenländern wird Schabzigerklee bei der Herstellung verschiedener Käsespezialitäten eingesetzt. Da es sich um ein reines „Alpenkraut" handelt, braucht er auch diese Kulturbedingungen zum Wachsen.

DAS IST
wirklich
WICHTIG

[a] AUF DAS FEINE ZERMAHLEN
kommt es an. Dann erhalten wir eine
leckere und krautige Mischung, die
jedes selbst gebackene Brot adelt.
Der Kräuterduft während des Ba-
ckens ist allein schon ein Erlebnis!

WEINE
Liköre & Schnäpse veredeln

WEIN IST DAS NATÜRLICHSTE PRODUKT DER WELT. INSBESONDERE DIE KLÖSTER VERFÜGTEN NICHT SELTEN AUCH ÜBER WEINBERGE. WAS LAG ALSO NÄHER, ALS DIESEN KLOSTERWEIN MIT KRÄUTERN ZU VERSETZEN. AUS DER TRADITION DER KRÄUTERWEINE, -LIKÖRE UND -SCHNÄPSE MÖCHTE ICH IHNEN IN DIESEM KAPITEL EINIGE WERTVOLLE TROPFEN VORSTELLEN, DIE FÜR JEDEN ANLASS EIN BESONDERES GESCHENK SIND.

LÖWENZAHN-WEIN

Sherry aus dem Garten

DIESES REZEPT IST EINE EXQUISITE LÖSUNG FÜR DAS LÖWENZAHNPROBLEM EINES JEDEN GARTENBESITZERS. FREUEN SIE SICH ALSO ÜBER DEN LÖWENZAHN IN IHREM RASEN, DEN SIE ZU EINEM FEINEN LÖWENZAHNWEIN VEREDELN KÖNNEN.

Zutaten

30 Löwenzahnblüten

1 l trockener Weißwein (Riesling)

Besonderes Werkzeug
- Schöne Flaschen für maximal ½ l Inhalt, große Flasche für den Amsatz mit 1,5 bis 2 l, Trichter

So geht's

1. Die Löwenzahnblütenköpfchen erntet man an einem sonnigen, warmen Tag, wenn sie ganz geöffnet sind (Blütezeit April bis Mai). Die Blüten werden dann auf einem Tablett ausgelegt, damit sich mögliche Bewohner aus dem Staub machen können (nicht waschen!).

2. Anschließend die gelben Kronblätter auszupfen und in eine helle Flasche geben [→a].

3. Die Blütenblätter mit Weißwein auffüllen und 14 Tage im Hellen stehen lassen.

4. Nach zwei Wochen wird der Wein sauber abfiltriert (Trichter mit Kaffeefilter oder Mulltuch) und in kleine Flaschen, etwa ¼ l Inhalt, gefüllt.

5. Den fertigen Wein kühl und dunkel lagern.

Löwenzahnwein ist als milder Aperitif zu genießen. Dieser Aperitifwein schmeckt wie trockener Sherry. Er sollte nicht sehr lange als Anbruch stehen bleiben.

DAS IST *wirklich* WICHTIG

[a] DIE BLÜTENBLÄTTCHEN werden ausgezupft und von grünen Pflanzenbestandteilen befreit. Dann dürfen sie in die Flasche.

[b] FÜR DIESES FEINE REZEPT sollten Sie unbedingt darauf achten, dass der Wein kein starkes Eigenaroma entwickelt, damit sich der zarte Blütengeschmack aus Löwenzahnblüten richtig entfalten kann. Ein schlichter Landwein, Riesling oder Grauburgunder wäre ideal.

[a]

[b]

DAS IST
wirklich
WICHTIG

[a] SALBEI GIBT ES AUCH in einer weiß blühenden Variante. Diese Salbeiart kann ebenfalls verwendet werden. Auch die schönen blauen oder violettfarbenen Salbeiblüten entfärben sich durch die Säure des Weins, was dem guten Geschmack aber keinen Abbruch tut.

Salbei-Wein

[a]

SALBEI-WEIN
Beliebter Hochgenuss im Sommer

SALBEIWEIN IST EINE WOHLTAT FÜR DIE HEISSEN TAGE
IM SOMMER. ER SCHMECKT HERRLICH ALS SCHORLE MIT
LEICHT GEKÜHLTEM MINERALWASSER.

Zutaten

7 Zweige Garten-Salbei
(möglichst mit Blüten)

1 l trockener Rot- oder
Weißwein

Besonderes Werkzeug

- Schöne Flaschen für
  maximal ½ l Inhalt, große
  Flasche für den Ansatz,
  Trichter, Holzstab zum
  Stopfen

So geht's

1. Eine ausreichend große und helle Flasche, etwa 1,5 bis 2 l, gründlich auswaschen, mit kochendem Wasser ausspülen und trocknen lassen.

2. Die Salbeizweige um die Mittagszeit an einem sonnigen, trockenen Tag ernten und verlesen, d. h. von Insekten und Verunreinigungen befreien, nicht waschen. Blütezeit von Mai bis Juli.

3. Das Kraut in die Flasche geben und mit dem Wein auffüllen.

4. Den Ansatz etwa zwei Wochen im Hellen stehen lassen, zum Beispiel auf der Fensterbank.

5. Danach wird der Inhalt sehr gründlich filtriert (Trichter mit Kaffeefilter oder Mulltuch), in die Flasche zurückgefüllt und gut verschlossen.

Da Kräuterwein nach dem Anbruch rasch verbraucht werden sollte, ist es sinnvoll, ihn nach dem Abfiltrieren in kleine Flaschen abzufüllen. Bei längerem Anbruch geht der Wohlgeschmack verloren.

Die Variante

Rosmarinwein

3 große Rosmarinzweige (wenn möglich mit Blüten; Blütezeit März bis Juni) in eine gründlich gereinigte und ausgetrocknete etwa 1,5 bis 2 l große Flasche geben. 1 l Weißwein dazugießen und die Flasche gut verschließen. Vier Wochen im Hellen ausziehen lassen. Danach den Wein sehr sauber abfiltrieren und in kleine Fläschchen abfüllen.
Dieser Rosmarinwein wirkt stark kreislauffördernd und blutdrucksteigernd. Dosierung ein bis zwei Esslöffel bei kreislaufbedingten Beschwerden. Nicht geeignet für Menschen mit hohem Blutdruck! Der etwas „medizinische" Geschmack kann mit Mineralwasser oder Apfelsaft gemildert werden.

SALBEI gibt es in vielen Blatt- und Blütenformen. Der Echte Salbei *(Salvia officinalis)*, auch Garten-Salbei genannt, wirkt u. a. schweißreduzierend und kreislaufstärkend. Daher ist dieser Wein, in Maßen getrunken, eine besondere Wohltat, wenn im Sommer das Schwitzen kein Ende mehr nehmen will und auch der Kreislauf leidet.

WEINE SELBST VEREDELN
Das Wichtigste auf einen Blick

DIE REZEPTUREN VON ALKOHOLISCHEN KRÄUTERTRÄNKEN GEHEN AUF URALTES WISSEN ZURÜCK. WENN SIE EINIGE DINGE BEACHTEN, KÖNNEN SIE SELBST KÖSTLICHE UND WOHLTUENDE GETRÄNKE ZAUBERN.

Ein wesentlicher Grund für diese Zubereitungsart liegt darin, dass viele wertvolle Pflanzenwirkstoffe in Wasser schwer oder gar nicht löslich sind. Dafür aber in Alkohol. Da Alkohol in flüssiger Form immer etwas Wasser enthält, werden auch die wasserlöslichen Inhaltsstoffe der Pflanzen gelöst und ergeben einen hochwirksamen Heilpflanzenauszug.

NUR DIE BESTEN ZUTATEN
Wie jedes Essen nur so gut wie seine Zutaten ist, so verhält es sich ebenfalls bei der Zubereitung von Weinen, Schnäpsen und Likören. Das bedeutet, dass wir schon bei der Zusammenstellung unserer Grundzutaten auf beste Qualität achten sollten.
Für die Ansätze von Heilkräuterweinen kommen nur trockene und gut durchgegorene Weine infrage. Bei lieblichen Weinen mit einem hohen Zuckergehalt müssen eher gesundheitsschädliche Auswirkungen befürchtet werden. Außerdem sollte ein solcher Basiswein, ähnlich wie bei den Schnäpsen, kein ausgeprägtes Eigenaroma besitzen, da dies in Verbindung mit Kräutern als störend empfunden wird.
Benötigen Sie größere Mengen an Spirituosen, ist es nicht ratsam, an dieser Ecke zu sparen.

Ihre Gesundheit und die Ihrer beschenkten Mitmenschen wird es Ihnen danken - ich selbst bin dazu übergegangen, meinen Apfel-Birne-Schnaps direkt bei einem Selbsterzeuger zu besorgen.
Die gleichen Qualitätsansprüche gelten für das Einlegegut. Hier muss auf gesunde, einwandfreie, frische und unverletzte Früchte geachtet werden.

PFLANZEN TROCKNEN
Obwohl ich für meine Kräuteransätze häufig frische Pflanzen verwende, so bringt das vorherige Trocknen doch so einige Vorteile mit sich. Auf diese Weise kann man sich Vorräte anlegen. Auch der Wirkstoffgehalt der Kräuter ist wesentlich höher, da die wertvollen Inhaltsstoffe konzentrierter vorliegen als in der frischen Pflanze.
Je fleischiger und saftiger das Pflanzenmaterial ist, umso länger wird auch die Trocknungszeit ausfallen. Blüten können bereits nach ein bis zwei Tagen trocken sein. Blätter und Kräuterbüschel werden sicher vier bis fünf Tage brauchen, und Wurzeln und Beeren benötigen eventuell sogar sechs bis sieben Tage, bis sie völlig trocken sind.

LINDENBLÜTEN-LIKÖR
mit zarter Holundernote

DIESER LIKÖR IST EIN ETWAS AUSSERGEWÖHNLICHES KRÄUTERHEXENREZEPT, DA SIE DAFÜR EVENTUELL ETWAS „HÖHER" STEIGEN MÜSSEN ALS BEIM GEWÖHNLICHEN KRÄUTERSAMMELN IN BODENNÄHE. ABER ES LOHNT SICH!

Zutaten

30 g frische, vollerblühte Lindenblüten ohne „Flügelblatt"

3 vollerblühte Holunderblütendolden

3 EL Akazienhonig oder 2 EL weißer Kandis

1 l Apfel-Birne-Schnaps („Obstler")

Besonderes Werkzeug
- Trichter, helle Flasche, 1 Stück Verbandsmull

So geht's

1. Die Lindenblüten (Blütezeit Mai/Juni) ausschütteln und von den Stängeln zupfen. Die Holunderblütendolden (Blütezeit Juni bis Juli) gründlich ausschütteln, um eventuelle Bewohner zu vertreiben. Nicht waschen!

2. Die Lindenblüten und die Holunderblütendolden als Ganzes in eine saubere helle Flasche stecken.

3. Alles mit dem Obstler auffüllen, gut schütteln und zum Schluss den Honig einfüllen. Noch einmal gut schütteln.

4. Die Flasche auf der Fensterbank 14 Tage im Hellen stehen lassen [→a].

5. Danach durch einen mit Verbandsmull ausgelegten Trichter filtrieren und die filtrierte Flüssigkeit zurück in die Flasche füllen.

6. Mit zwei Lindenblütenzweigchen und einer kleinen Holunderblütendolde als Einlage dekorieren.

[a]

DAS IST *wirklich* WICHTIG

[a] WENN SIE LINDENBLÜTEN ernten, so haben Sie die Möglichkeit, diese mit oder ohne Flügelblatt zu verarbeiten. Mit „Flügel" ist der Geschmack etwas herber, ohne ist er eher lieblich.

[b] SOMMER UND WINTER. Die Lindenblüten für diesen Likör können entweder von der Sommer-Linde oder der Winter-Linde stammen. Das ist lediglich für den Botaniker von Bedeutung, da ein Laie den Unterschied nur schwer erkennt. Bei der Holunderblütenernte brauchen Sie kein Botanikstudium, sondern nur Bäume oder Büsche, die sich weit genug weg von Straßen und gespritzten Feldern befinden.

[b]

[a]

[b]

[c] MANCHMAL IST ES SCHWIERIG, Apfelminze zu bekommen. Auf dem untenstehenden Bild sehen Sie beispielsweise eine Ananasminze, auch diese Sorte passt gut zu diesem Likör. Weitere Möglichkeiten sind Orangenminze, Krauseminze, Feigenminze u. a.

DAS IST *wirklich* WICHTIG

[a] MIT DER APFELMINZE habe ich bei diesem Rezept die beste Erfahrung gemacht, weil sich Apfelminze mit Apfelsaft fein ergänzt. Klein geschnitten reift sie zusammen mit der Verbene und dem Sternanis zwei Monate in Armagnac.

[b] DAMIT SICH DER KANDIS gut löst und sich gleichmäßig in der Flüssigkeit verteilen kann, muss der Ansatz ab und zu geschüttelt werden.

[c]

APFELMINZE-LIKÖR
Fruchtige Süße aus Kräutern

DIE APFELMINZE IST EINE BESONDERE ZUCHTFORM AUS DEM GROSSEN FAMILIEN-CLAN DER MINZEN. SIE WURDE AUS DER RUNDBLÄTTRIGEN MINZE GEZÜCHTET UND BESITZT EINE FEINE APFELNUANCE IM GESCHMACK.

Zutaten

6 Stängel Apfelminze

10 Verbenenblätter

3 Sternanis

400 ml Apfelsaft

1 l guter Armagnac

4 EL Krümelkandis

Besonderes Werkzeug
- Schöne Flaschen, Trichter, Messbecher

So geht's

1. Die gewaschene Apfelminze samt Stängel sowie die grob geschnittenen Verbenenblätter in die Flasche stecken. Beide Kräuter werden vor der Blüte ca. Anfang Juni geerntet und frisch verwendet. Die Apfelminze kann aber auch durch zwei Scheiben Apfel und etwas Krauseminze ersetzt werden.

2. Die Sternanis mit dem Apfelsaft in die Flasche geben.

3. Anschließen mit dem Armagnac auffüllen [→a].

4. Zwei Monate reifen lassen, abfiltrieren und mit dem Krümelkandis noch einmal etwa 14 Tage stehen lassen, dabei täglich einmal rütteln [→b].

Diesen fruchtigen Kräutertrank genießt man pur.

Die Variante

Erdbeer-Minze-Likör
200 g späte Sommererdbeeren, 3 Stängel Schokominze, 4 EL Akazienhonig, 1 l Obstschnaps. Die Erdbeeren waschen, trocken tupfen und halbieren. Die Minzestängel kurz abbrausen, trocken tupfen und in eine Flasche stecken, die Erdbeeren dazugeben und mit dem Obstschnaps auffüllen.
14 Tage im Hellen stehen lassen. Danach die Erdbeeren und die Minze entfernen und den Auszug durch ein Kaffeefilterpapier abfiltrieren. Den Honig dazugeben und noch einmal eine Woche reifen lassen.
Dieser fruchtige, intensiv nach Erdbeeren schmeckende Likör eignet sich sehr gut für sommerliche Mixgetränke und Eistee.

LAVENDEL-LIKÖR
Zitronig-frisch das ganze Jahr

ES IST EINE URALTE TRADITION, LAVENDEL MIT ALKOHOL ANZUSETZEN, DAMIT ER SEINE WIRKUNG ENTFALTEN KANN. DIE REZEPTUR IST GANZJÄHRIG MÖGLICH, DA AUCH GETROCKNETER LAVENDEL VERWENDET WERDEN KANN.

Zutaten

Blüten von 10 Stängeln Lavendel

20 g frische Verbenenblätter

Schale einer unbehandelten Zitrone

1 l Obstschnaps, z. B. Apfel-Birne-Schnaps

50 g weißer Kandiszucker

Besonderes Werkzeug
- Flaschen, Trichter, Waage

So geht's

1. Die Blütenstände des Lavendels im Ganzen ernten [→a]. Die optimale Erntezeit wäre über Mittag bei 35 °C ohne Schatten. Die Blütezeit von Lavendel ist von Juni bis August/September.

2. Die Verbenenblätter im Juni bis August von den Zweigen zupfen und grob mit dem Messer hacken. Dann zusammen mit der Zitronenschale, dem Lavendel [→b] und dem Kandiszucker in eine Flasche geben. Zwei Stängel Lavendel und etwas Zitronenschale zur Dekoration zurückbehalten.

3. Die Kräutermischung mit dem Obstschnaps auffüllen und vier Wochen im Hellen stehen lassen. Ab und zu schütteln, damit sich der Zucker auflöst.

4. Anschließend durch einen Kaffeefilter abfiltrieren und mit zwei Stängeln Lavendelblüten und etwas frischer Zitronenschale in Flaschen abfüllen.

Der Lavendellikör schmeckt zart nach Lavendel und durch die zitronig-frische Nuance nicht nach Parfüm. Er wirkt wohltuend und unterstützend auf die Verdauungsorgane.

SCHNAPS kann aus Stein- und Kernobst, aus Getreidesorten, Kartoffeln, Kräutern und exotischen Pflanzen wie Kakteen und Agaven gebrannt werden. Obstbrände von Zwetschen, Kirschen und Mirabellen sind weniger geeignet als Ansatzgrundlage für Kräuterschnäpse, da ihr Eigengeschmack zu groß ist. Wesentlich neutraler verhalten sich Obstler aus Äpfeln und Birnen sowie Korn oder Doppelkorn und Wodka.

DAS IST *wirklich* WICHTIG

[a] DIE LAVENDELBLÜTEN können ab Juni von den Sträuchern geschnitten werden. Dann ist auch Erntezeit für die Verbenenblätter. Sie stammen von dem sogenannten Zitronenstrauch. Man sagt auch Verbene oder Wohlriechendes Eisenkraut dazu. Es ist in unseren Breiten eine Kübelpflanze, die frostfrei überwintert werden muss. Die Verbene ist „winterkahl", also nicht erschrecken! Sie treibt im Frühjahr wieder aus.

[b] LAVENDELLIKÖR ist eine Rezeptur für Mutige, da man zuerst immer auf verwunderte Menschen trifft, die sich so etwas nicht vorstellen können. Das ändert sich schlagartig nach dem ersten Verkosten!

[a]

[b]

GRAPPA DI RUTA
Aperitif aus Weinraute

DIE WEINRAUTE IST EINE ALTE UND FAST VERGESSENE HEIL- UND GEWÜRZPFLANZE. DURCH IHREN HOHEN BITTERSTOFFGEHALT BEKOMMEN WIR EINEN VORZÜGLICHEN APERITIF, DER DURCH SEINE GRÜNE FARBE SEHR DEKORATIV IST.

Zutaten

3 Stängel frische Weinraute

3 EL Akazienhonig

1 l guter Grappa (Tresterschnaps)

Besonderes Werkzeug
- Flasche, Trichter, Holzstab zum Stopfen

So geht's

1. Die Weinrautenstängel vor der Blüte im Juni ernten, ausschütteln und unzerkleinert in eine Flasche geben.

2. Das Kraut mit dem Grappa auffüllen und vier Wochen in einer dunklen Ecke des Zimmers ausziehen lassen. Der Grappa hat sich dann giftgrün verfärbt.

3. Als Geschmacksabrundung den Akazienhonig dazugeben [→a] und noch einmal vier Wochen reifen lassen.

4. Die Weinraute nicht entfernen, sondern als Dekoration in der Flasche lassen. Wenn Sie diesen Ansatz auf kleine Flaschen verteilen möchten, entfernen Sie die Weinrautenstängel und geben Sie zur Dekoration in jede Flasche ein kleines Fiederblättchen dieser Staude.

Die Weinraute gilt als eines der bittersten Kräuter nördlich der Alpen. Für einen Aperitif reicht die Menge eines kleinen Schnapsgläschens mit Wasser verdünnt vor dem Essen.

DIE WEINRAUTE IST EINE BELIEBTE PFLANZE in unserem Kräutergarten, vorausgesetzt man kennt sie. Sie hat einen eigenartigen, aber nicht unangenehmen Geruch und blüht sehr schön mit giftgelben Blüten. Aus diesen bilden sich dekorative Samenstände, die ebenfalls verwendet werden können.

[a]

DAS IST *wirklich* WICHTIG

[a] DIE WEINRAUTE wurde bereits im Mittelalter wegen ihrer Bitterstoffe und vor allem wegen der sogenannten Mohnalkaloide als beruhigendes Leber- und Gallemittel sehr geschätzt. Wir beruhigen uns heutzutage jedoch eher mit weniger Bitterstoffen. Der Akazienhonig sorgt für einen harmonischen Geschmack.

[b] WENN SIE DIESEN APERITIF im Sommer ansetzen, geben Sie ruhig auch einige Blütenstände mit in die Flasche. Aber Vorsicht bei der Weinrautenernte: Sie kann bei empfindlichen Menschen zu Hautirritationen führen.

[b]

ANTISTRESS-SCHNAPS
mit beruhigenden Kräutern

DIESER BERUHIGENDE ANSATZSCHNAPS AUS VIELEN GUTEN KRÄUTERN WIE FENCHEL, BALDRIAN UND WEISSDORN IST FÜR NERVÖSE UND GESTRESSTE ERWACHSENE GEEIGNET – UND EIN KLEINER GEHEIMTIPP ZUM VERSCHENKEN.

Zutaten

10 g Fenchelsamen vom Vorjahr

20 g Baldrianwurzeln, getrocknet aus der Apotheke

10 g Weißdornblüten, getrocknet oder frisch

10 g Kamilleblüten, getrocknet oder frisch

10 g Waldmeisterkraut, getrocknet

2 frische Blütenstände vom Echten Johanniskraut

3 frische Stängel Zitronenmelisse

2 Stängel frische Pfefferminze

50 g Krümelkandis

1 l Obstler, z. B. Apfel-Birne

Besonderes Werkzeug
- Flasche, Trichter, Waage, Teefilterpapier

So geht's

1. Den Fenchelsamen im Mörser anstoßen.

2. Die Baldrianwurzeln, Weißdornblüten (Blütezeit Mai bis Juni), Kamilleblüten (Blütezeit Juni bis September) und das Waldmeisterkraut in ein Teefilterpapier füllen und zubinden. Werden die Kamille- und Weißdornblüten frisch verwendet, sollte die Mengenangabe jeweils um 2 bis 3 g reduziert werden.

3. Das Johanniskraut (Blütezeit Juni bis August), die Zitronenmelisse und die Pfefferminze in eine Flasche stecken.

4. Das Teefiltertütchen dazugeben und mit dem Obstler auffüllen.

5. Das Ganze drei Wochen im Zimmer stehen lassen und ab und zu etwas schütteln.

6. Nach dieser Zeit kann der Teebeutel entfernt werden. Die restlichen Kräuter bleiben in der Flasche.

7. Durch die Zugabe von Kandiszucker wird das Aroma abgerundet.

Dosierung: Zweimal täglich ein Schnapsglas voll davon trinken.

DAS IST *wirklich* WICHTIG

[a] DIE KRAFT DER KRÄUTER verleiht diesem alkoholischen Getränk eine beruhigende Wirkung. Werden die Blüten zur richtigen Zeit geerntet, können sie ihre volle Energie entfalten.

[a]

MILDER KRÄUTERGEIST
mit Französischem Estragon

DER FRANZÖSISCHE ESTRAGON BESITZT EIN INTENSIVES AROMA. ES ERINNERT MIT SEINER LEICHTEN SCHÄRFE ETWAS AN ANIS. IN DIESER REZEPTUR IST ER WUNDERBAR VEREINT ZU EINEM MILDEN KRÄUTERGEIST.

Zutaten

3 Stängel frischer Französischer Estragon

3 Stängel frische Orangenminze

10 Blätter frischer Garten-Salbei

5 große, frische Fiederblätter des Bronze-Fenchels

10 Kardamomkapseln

10 Pimentfrüchte (Nelkenpfeffer)

1 Zimtstange

1 l Wodka oder Kümmelschnaps

Besonderes Werkzeug
▪ Flaschen, Trichter

So geht's

1. Die Blattkräuter frisch ernten, sauber verlesen und kurz waschen.

2. Dann alle Kräuter und Gewürze in eine Flasche geben und mit dem Alkohol auffüllen.

3. Der ganze Ansatz wird vier Wochen im Hellen ausgezogen und ohne Zugabe von Zucker in Flaschen abgefüllt.

Dieser milde Kräutergeist eignet sich besonders zur Unterstützung der Verdauung bei Menschen, die keine Bitterstoffe mögen.

BRONZE-FENCHEL ist eine besondere Zuchtform des Fenchels. Von dieser Pflanze schmecken alle Teile, d. h. Blätter, Stängel und Samen, intensiv nach Lakritze, sodass man für seine Schnäpse die ganze Pflanze verwenden kann. Mit seinen filigranen, bronzebraunen Blättern sieht er sehr hübsch in Staudenbeeten und Bauerngärten aus.

DAS IST *wirklich* WICHTIG

[a] ES MUSS NICHT IMMER BITTER SEIN! Auch ein milder „Geist" tut gut. Besonders dann, wenn er, wie in diesem Rezept, eigentlich mit Küchenkräutern und -gewürzen „gehext" wurde. Anstelle von Bronze-Fenchel kann auch das Laub des Gemüse-Fenchels verwendet werden.

ELIXIERE

mit edlen Steinen und Ölen

VIELE HERVORRAGENDE REZEPTE FÜR „PFLANZEN-GEISTER" WURDEN IN DEN KLÖSTERN ENTWICKELT. WER SELBST WOHLTUENDE UND WIRKSAME HEIL-TRÄNKE UND ELIXIERE HERSTELLEN MÖCHTE, KANN AUF EINE GANZE MENGE BEWÄHRTER REZEPTUREN ZURÜCKGREIFEN. IN DIESEM KAPITEL FINDEN SIE KOSTBARE REZEPTE FÜR BESONDERE SCHÄTZE ZUM VERSCHENKEN. DIE VERWENDETEN ÄTHERISCHEN ÖLE BEKOMMEN SIE IN DER APOTHEKE.

PROVENCE-LIKÖR
mit Thymianöl

DIESES UNGEWÖHNLICHE REZEPT STELLT EINEN VORZÜGLICHEN APERITIF DAR. DIE KRÄUTER DER PROVENCE SCHMECKEN NICHT NUR ALS MISCHUNG IN KOCH-REZEPTEN, SIE ENTFALTEN IHRE WOHLTUENDE WIRKUNG AUCH IN DIESEM LIKÖR.

Zutaten

1 Zweig frisches Basilikum

1 Zweig frisches Bohnenkraut

1 Zweig frischer Rosmarin

1 Zweig frische Krauseminze

3 Stängel blühender Lavendel

10 g getrockneter Fenchelsamen

10 g getrockneter Anis

10 g getrockneter Koriander

10 g getrockneter Oregano

5 g getrockneter Majoran

5 Tropfen ätherisches Thymianöl

1 l Doppelkorn

4 EL Lavendelhonig

Besonderes Werkzeug
- Flasche oder großes Einmach-glas mit Deckel, Waage, Pipette

So geht's

1. Die frischen Kräuterzweige an einem warmen, sonnigen Tag am Vormittag schneiden, kurz abwaschen und trocken tupfen (Laven-del blüht von Juni bis August/September). Wenn keine frischen Kräuter vorhanden sind, können Sie auch getrocknete verwenden. Ein Zweig entspricht einem Teelöffel getrocknetes Kraut.

2. Anis (Erntezeit August), Fenchel und Korianderfrüchte (Erntezeit September bis Oktober) im Mörser anstoßen. Mit dem Oregano und Majoran in einen Teefilterbeutel geben und diesen zubinden.

3. Die Zutaten aus 1. bis 2. alle in eine ausreichend große Weithals-flasche oder ein Einmachglas mit Deckel geben und mit dem Dop-pelkorn aufgießen.

4. Zum Schluss das Thymianöl mit der Pipette tropfenweise dazu-geben [→a].

5. Das Gefäß gut verschließen und vier bis sechs Wochen im Hellen stehen lassen.

6. Danach die Kräuter entfernen und mit dem Lavendelhonig süßen. Sie sollten diesen Ansatz noch etwa 14 Tage ruhen lassen.

Genießen Sie ein Schnapsglas voll von diesem Aperitif vor dem Essen.

KORN ODER DOPPELKORN ist ein Schnaps, der aus Getreide gebrannt wird und sich ideal für Ansätze mit Samen, Rinden und Wurzeln eignet. Je höher der Alkoholgehalt, desto effektiver findet der Auszug von eingelegten Pflanzen statt. Daher sollte bei diesem Schnaps, und bei Heilschnäpsen aus Kornbranntwein generell, immer der höherprozentige Doppelkorn ver-wendet werden.

DAS IST *wirklich* WICHTIG

[a] ÄTHERISCHES ÖL wird tropfenweise hinzugeben, wir sollten nicht überdosieren.

[b] BESONDERE REZEPTUR. Diese, von den Zutaten her gesehen, aufwendige Rezeptur ist für alle gedacht, die das Besondere lieben. Schon bei der Zubereitung dieses Likörs werden Sie, vom Duft der Kräuter umgeben, augenblickliche Urlaubsträume erleben. Es lohnt sich also, dieses Geschenk für sich und andere herzustellen.

[a]

[b]

VERBENEN-LIKÖR
mit Zitronengras- und Orangenöl

VERBENENLIKÖR SCHMECKT INTENSIV NACH ZITRONE UND IST, MIT MINERAL-WASSER AUFGEGOSSEN, EIN HERRLICH ERFRISCHENDES SOMMERGETRÄNK.

Zutaten

150 g frische Zitronen-verbenenblätter

3 EL Akazien- oder Rosmarinhonig

1 l Obstschnaps, z. B. Apfel-Birne

10 Tropfen ätherisches Zitronengrasöl

10 Tropfen Orangenöl

Einige Blätter frisches Zitronengras

Besonderes Werkzeug
- Pipette, große Flasche für den Ansatz, mehrere kleine Flaschen zum Abfüllen, Trichter

So geht's

1. Die Zitronenverbenenblätter vom Strauch zupfen, klein schneiden und zusammen mit dem Honig in eine große Flasche geben.

2. Die befüllte Flasche mit dem Obstler auffüllen und drei Wochen im Hellen stehen lassen, dabei täglich einmal gut schütteln.

3. Danach die Blätter abseihen und den Auszug zurück in die Flasche geben [→a].

4. Anschließend die ätherischen Öle tropfenweise dazugeben und noch einmal 14 Tage reifen lassen.

5. Nach der Reifezeit in kleinere Fläschchen umfüllen und unter Zugabe von Zitronengras und frischen Verbenenblättern dekorieren.

BEI DER VERWENDUNG VON ÄTHERISCHEN ÖLEN IN EINER PIPETTE ist es meistens schwierig, diese wieder „neutral" zu spülen. Nehmen Sie am besten mehrere Pipetten und beschriften Sie diese mit dem entsprechenden Duft, sodass sie immer wieder verwendet werden können.

[a]

FOR YOU

DAS IST *wirklich* WICHTIG

[a] Ein Trichter ist immer ein wichtiges Utensil für die Verarbeitung von Kräutern. Durch ihn wird abfiltriert oder wie hier in schöne Geschenkflaschen umgefüllt. So kann nichts von den wertvollen Kräuterschätzen verloren gehen.

[b] DIESER VERBENENLIKÖR bringt ganz besonders zitronige Frische ins Glas. Damit die herbe Zitrone etwas fruchtiger wird, ergänze ich dieses Rezept mit Orangenöl. Auch einige Stückchen ungespritzte Orangenschale sind erlaubt und möglich. Ein feines Sorbet kann mit diesem Likör interessant abgeschmeckt werden.

[b]

SOMMER-LIKÖR
mit Rotkleeblüten und Pfefferminzöl

PFEFFERMINZLIKÖR IST EINE HERVORRAGENDE BASISMISCHUNG
FÜR SOMMERLICHE ERFRISCHUNGSGETRÄNKE. ER HAT NEBENBEI
EINE WOHLTUENDE UND AUF DIE ATEMWEGE BEFREIENDE WIRKUNG.

Zutaten

4 große Zweige frische Pfefferminze

200 g weißer Kandiszucker

10 frische Rotkleeblüten

5 Gewürznelken

6 bis 10 Tropfen ätherisches Pfefferminzöl

1 l Wodka

Besonderes Werkzeug
- Große Flasche für den Ansatz, mehrere kleine Flaschen zum Abfüllen, Pipette, Waage, Trichter

So geht's

1. Die Pfefferminzzweige an einem warmen sonnigen Tag im Garten ernten, kurz abwaschen und trocken tupfen. Entfernen Sie dabei die kleinen, schwarzen Käfer, die sich mit Vorliebe auf den Pfefferminzblättern aufhalten.

2. Die Zweige steckt man in eine ausreichend große Flasche und gibt die ausgezupften Rotkleeblüten (Blütezeit Juni bis Oktober – er wächst sicher auch in kleinen Mengen in Ihrem naturnahen Rasen) und die Nelken dazu.

3. Die Flasche wird nun mit Wodka aufgefüllt. Den Kandiszucker und das Pfefferminzöl mit der Pipette dazugeben.

4. Die Flasche verschließen und einmal gut durchschütteln. Im warmen Zimmer sechs Wochen stehen lassen. Ab und zu schütteln, damit sich der Zucker gut auflöst.

5. Danach den Ansatz durch ein Plastiksieb geben und die Flüssigkeit zusammen mit je zwei Blättchen Pfefferminze und drei Rotkleeblüten in kleinere Flaschen abfüllen.

WENN SIE DURCH EINE WIESE GEHEN, um die Rotkleeblüten zu zupfen, schauen Sie einmal nach, was da sonst noch blüht. Auch die Blüten von Margerite, Skabiose, Glockenblume, Luzerne, Labkraut und viele andere können in die Flasche wandern. Man sollte sich seiner Sache jedoch sicher sein.

DAS IST *wirklich* WICHTIG

[a] WER PFEFFERMINZE IM GARTEN PFLEGT, hat meist eine große Menge davon, denn die Pflanze ist sehr ausbreitungsfreudig. Kultivieren Sie die Minzen daher besser in Töpfen oder sorgen Sie für eine Wurzelsperre im Garten.

[a]

EDLE STEINE UND ÖLE
Das Wichtigste auf einen Blick

NEBEN KRÄUTERN UND GEWÜRZEN GIBT ES NOCH GANZ BESONDERE ZUTATEN FÜR ALKOHOLISCHE WOHLFÜHL- UND HEILGETRÄNKE: DIE EDELSTEINE UND ÄTHERISCHEN ÖLE.

„Aither" bedeutet bei den Griechen „Himmelsduft" oder „Weite des Himmels", die Alchemisten kennen die „Quinta Essentia", lateinisch „das Fünfte Seiende" und in Frankreich und England redet man schlicht von „essences" oder „essential oils". Aber alle meinen das Gleiche, nämlich die „Seele der Pflanzen", die ätherischen Öle.

NUR IN REINSTER FORM

Wenn Sie einen alkoholischen Ansatz mit Kräutern herstellen, werden die Duft- und Aromastoffe aus den Pflanzen herausgelöst und ergeben so, neben Gerb- und Bitterstoffen, den spezifischen Geschmack Ihres Heiltrankes oder Likörs.

Was liegt also näher, als diese ätherischen Öle in reinster Form zu gewinnen und für die Herstellung von Heilschnäpsen, Likören oder als Küchenwürze einzusetzen. Mit diesen hundertprozentig reinen ätherischen Ölen lassen sich Heiltränke veredeln, damit sie noch besser schmecken und wirken. Dabei sollten Sie auf Öle aus kontrolliert biologischem Anbau achten.

Ätherische Öle werden generell nur tropfenweise, sparsam und verdünnt angewendet. Als Dosierungsbeispiel für einen Kräuterschnaps mit Rosmarin benötigen Sie für einen halben Liter zwei bis drei Tropfen reines ätherisches Rosmarinöl. Im Vergleich dazu benötigt der Badezusatz für ein Vollbad 10 bis 15 Tropfen reines ätherisches Öl.

KRAFT DER STEINE

Eine ganz besondere Zutat für Kräuterhexentränke sind echte Edelsteine. Eine wichtige Voraussetzung, um die Wirkung von Edelsteinen zu begreifen, ist die, dass man den Einfluss der Steine auf den Menschen bezüglich seines stofflichen und seines feinstofflichen Leibes kennt. Es würde allerdings den Rahmen dieses Buches sprengen, wenn ich auf das Wie und Warum der vielschichtigen Wirkungen der Edelsteine oder Mineralien intensiv eingehen würde.

Es gibt eine ganze Reihe von sehr guten Büchern, die sich mit der Heilwirkung der Edelsteine gründlich befassen und auseinandersetzen. Ich kann daher nur aus eigener jahrelanger Erfahrung bestätigen, dass es „funktioniert". Und zwar auch bei nicht kopfgesteuerten Individuen wie Kindern und Tieren!

Grundsätzlich wirken Edelsteine aufgrund ihrer Entstehung, ihrer chemischen Zusammensetzung, ihrer elektromagnetischen Ladung, ihrer Farbausstrahlung, ihrer Härte, ihrer Transparenz und ihres Kristallsystems. Man spricht von einem Sender-Empfänger-Prinzip, in dem die Edelsteine mit uns Kontakt aufnehmen. Dieses Wissen ist übrigens schon uralt, denn Kristallen und Steinen wurde schon immer heilende Kräfte zugesprochen. Man hat in früheren Zeiten Edelsteine und Mineralien fein vermahlen und wie Medikamente eingenommen.

Heute wissen wir, dass Steine ständig Energie aufnehmen und wieder abgeben. Diese Energie tritt verändert als Wärme, Licht oder hochfrequente Strahlung aus. Der Stein nimmt mit uns Kontakt auf, indem sein eigenes elektromagnetisches Feld als Minisender auftritt. Wenn man nun davon ausgeht, dass Krankheiten oder Missempfinden das Ergebnis einer Störung der inneren Harmonie und der damit verbundenen Schwingungsdissonanz ist, ist es einleuchtend, dass Steine offensichtlich dazu in der Lage sind, diese Dissonanz gleichzurichten. Daraus erfolgen geistige, seelische und körperliche Reaktionen von unserem Organismus. Wenn ich nun die Information, d.h. die Heilwirkung eines Steines kenne, kann ich ihn gezielt einsetzen.

Edelsteine vermitteln körperliche Linderung, seelische Stärkung und geistige Erkenntnisse auch in scheinbar ausweglosen Situationen. Als ganzheitliche Medizin werden Körper, Seele, Verstand und Geist gleichermaßen einbezogen.

EDELSTEINE IN ELIXIEREN

Was liegt also näher, als diese Helfer aus dem Mineralienreich der Natur auch in „geistreichen" Tränken anzusetzen? Edelstein-Elixiere sind Essenzen, die mit Doppelkorn angesetzt werden, in den man die Steine über einen längeren Zeitraum, d.h. über Monate und manchmal sogar Jahre einlegt. Sie geben so ihre Eigenschaften an dieses Alkohol-Wassergemisch ab, da beide – Wasser und Alkohol – besonders aufnahmefähig sind. Auf dieser Basis sind bereits sehr viele Edelstein-Essenzen im Handel, sodass durch die Zugabe von Kräutern und Gewürzen ganz besondere Kräuterhexenspezialitäten entstehen.

Die in meinen Rezepturen angegebenen Mineralien erhalten Sie im Mineralienhandel oder auf Mineralienmessen, welche in vielen Städten veranstaltet werden.

RINGELBLUMEN-LIKÖR
mit Ysop und Lapislazuli

DAS INTENSIV BLAU BLÜHENDE YSOPKRAUT UND DIE GOLDGELBEN RINGELBLU-MENBLÜTEN SEHEN IN EINEM KRÄUTERBEET WUNDERBAR AUS UND GEBEN EINEM ALKOHOLISCHEN ANSATZ EINEN ANGENEHM HERBWÜRZIGEN GESCHMACK.

Zutaten

7 Stängel blühendes Ysopkraut für den Ansatz

1 frischer Stängel Ysop zur Dekoration nach drei Monaten

3 Stängel blühende Ringelblumen für den Ansatz

3 Ringelblumenblüten zur Dekoration nach drei Monaten

1 Lapislazuli (Rohstein), am besten länglich oder etwas kleiner als der Flaschenhalsdurchmesser

1 l Doppelkorn

4 EL Akazienhonig

Besonderes Werkzeug
▪ Flaschen, Trichter

So geht's

1. Das Ysopkraut (Blütezeit Juli bis August) und die Ringelblumen (Blütezeit Juni bis Oktober) kurz abwaschen [→a], trocken tupfen und auf eventuelle Bewohner untersuchen. Am besten sofort mit Blühbeginn des Ysopkrauts den Likör ansetzen, damit später noch ausreichend Pflanzen für die Deko zur Verfügung stehen.

2. Zusammen mit dem Lapislazuli in eine Flasche geben und mit dem Doppelkorn aufgießen. Drei Monate im Hellen stehen lassen [→b].

3. Danach die Kräuter entfernen und den Ansatz durch einen Kaffeefilter abfiltrieren.

4. Mit einem frischen Stängel Ysop, drei frischen Ringelblumenblüten und dem Edelstein wieder in die Flasche füllen. Den Honig dazugeben und noch einmal drei Wochen ruhen lassen.

Der Likör hilft bei Verdauungsstörungen, die mit Krämpfen einhergehen. Durch die Zugabe des Honigs wird der herbwürzige Geschmack fein abgerundet. Dosierung: ein bis zwei Schnapsgläschen pro Tag.

LAPISLAZULI bedeutet „blauer Stein" oder „Himmel". Er wird in vielen Kulturen als Heilstein und für kultische Zwecke benutzt. Er offenbart die eigene innere Wahrheit, fördert Selbstbewusstsein, Würde, Ehrlichkeit und Aufrichtigkeit. Lapislazuli wirkt blutdrucksenkend, reguliert die Funktion der Schilddrüse, schenkt uns schöne Träume und einen erholsamen Schlaf. Mit diesem Ysop-Ringelblumen-Likör können wir es uns also rundum gut gehen lassen.

[a]

DAS IST *wirklich* WICHTIG

[a] WENN WIR FRISCHE KRÄUTER VERWEN-DEN, wie für diesen Likör, dürfen wir sie auch mit Wasser kurz abwaschen. Bei allen Kräutern, die getrocknet werden, sollte das Reinigen mit Wasser unterbleiben. Eine ausreichende Trocknung ist in der Regel dann sonst nicht mehr möglich.

[b] FÜR DIESE UNGEWÖHNLICHE REZEPTUR benötigen wir sowohl Kräuter für den Ansatz als auch Kräuter für die Dekoration. Das hat einen ganz einfachen Grund: Die eingelegten Kräuter färben die zunächst klare Flüssigkeit des Doppelkorns bernsteinfarben bis braun, sodass sie danach nicht mehr so attraktiv aussehen. Für den Auszug ist das jedoch richtig, denn so wissen wir, dass die Inhaltsstoffe im Alkohol gelöst sind.

[c]

[c] DIE REZEPTUR „LEBT" aber auch aus der Farbigkeit. Daher wird bei der Geschenkübergabe noch einmal nachgelegt. Auch der Lapislazuli sollte für den Beschenkten sichtbar am Flaschenhals angebracht sein. Er darf sein Geschenk somit selbst veredeln.

[b]

ERKÄLTUNGSTRANK
mit Moosachat

IN ÜBERLIEFERUNGEN VERSCHIEDENER VÖLKER GILT DER MOOSACHAT ALS GLÜCKSSTEIN DES GÄRTNERS. MIT DIESER REZEPTUR UNTERSTÜTZEN SIE IHRE LIEBEN BEI ERKÄLTUNGEN, DAMIT SIE WIEDER GESUND WERDEN.

Zutaten

10 g Fenchelfrüchte, getrocknet vom Vorjahr

10 g Eibischwurzel getrocknet, aus der Apotheke

1 Moosachat

10 Huflattichblüten, im März geerntet und getrocknet oder 3 frische Huflattichblätter aufgerollt und geschnitten

3 Zweige Thymian, frisch

15 Blüten der Königskerze, frisch

6 Spitzwegerichblätter, frisch

1 Zweig Garten-Salbei, frisch

1 l Doppelkorn

3 EL Fenchelhonig

Besonderes Werkzeug
▪ Flasche, Trichter, Waage

So geht's

1. Die getrockneten Fenchelfrüchte (siehe Seite 48 ff. sowie 102) vom Vorjahr im Mörser anstoßen, damit das ätherische Öl freigesetzt wird.

2. Zusammen mit der geschnittenen Eibischwurzel und dem Moosachat in eine Flasche geben.

3. Die im Sommer frisch gesammelten und gewaschenen Huflattichblätter oder die aus der Frühjahrsernte [→a] getrockneten Huflattichblüten dazugeben. Anschließend mit dem Doppelkorn auffüllen.

4. Nun können wir auf zwei Arten weiterverfahren. Entweder Sie geben die restlichen Kräuter wie Thymian, Königskerze (Blütezeit von Juni bis August), Spitzwegerichblätter und Salbei im Laufe des Sommers dazu oder Sie kaufen sich diese getrocknet in der Apotheke und geben sie sofort zu Ihrem Ansatz. Sie benötigen dann jeweils 10 g der genannten Kräuter.

5. Der komplette Ansatz sollte immer acht Wochen im Hellen stehen [→b].

6. Danach wird der abfiltrierte Erkältungstrank (Trichter mit Kaffeefilter oder Mullverband) mit dem Moosachat wieder zurück in die Flasche gefüllt und mit dem Honig ergänzt.

Nach 14 Tagen ist der Erkältungstrank gebrauchsfertig.

MOOSACHAT regt die Nieren, die Leber, den Magen und die Bauchspeicheldrüse an und fördert den Zellstoffwechsel. Er hilft bei hartnäckigen Infektionen, wirkt stärkend auf die Immunkräfte, fiebersenkend, entzündungshemmend und schleimbildend, sodass sich ein hartnäckiger Husten löst und abgehustet werden kann.

[a]

DAS IST
wirklich
WICHTIG

[a] HUFLATTICH ist, wie alle Kräuter in dieser Rezeptur, ein sogenanntes Erkältungskraut mit schleimlösender, desinfizierender und die Immunkräfte anregender Wirkung. Seine gelben Blüten können im Frühjahr geerntet werden.

[b] DIE ERKÄLTUNGSKRÄUTER entlasten Lunge und Bronchien. Wobei auch bei diesem Heilgetränk sehr wichtig zu berücksichtigen ist: „Viel hilft nicht viel." Ein bis zwei Schnapsgläschen voll in einem Glas Wasser verdünnt reichen aus!

[b]

97

LIEBESTRANK
mit Granat

DIESER LIEBESTRANK WIRD SEHR GERNE ALS GESCHENK ÜBERREICHT – ER IST FÜR „BEIDE" GEDACHT. DESHALB BESORGEN WIR UNS FÜR DIESES AUSSERORDENTLICHE GESCHENK AUCH EINIGE BESONDERE ZUTATEN AUS DEM HANDEL.

Zutaten

100 g Rote Johannisbeeren

200 g Himbeeren

10 g frische Ingwerwurzel

15 g getrocknetes Damianakraut aus der Apotheke oder frisch von der Fensterbank

1 Vanilleschote

3 Sternanis

1 roter Granat (Rohstein)

1 l Obstbrand, z. B. Apfel-Birne

6 EL Akazienhonig

Besonderes Werkzeug
- 1 große Flasche für den Ansatz, mehrere kleine Fläschchen zum Abfüllen, Waage, Trichter

So geht's

1. Das Obst waschen und trocken tupfen.

2. Die Ingwerwurzel in kleine Stückchen schneiden und die Vanilleschote aufschlitzen.

3. Alle Zutaten, bis auf den Honig, in eine ausreichend große Flasche geben und mit dem Obstler auffüllen.

4. Die Flüssigkeit acht Wochen im Hellen stehen lassen, dann abfiltrieren.

5. Die jetzt rote Flüssigkeit mit dem Granat zurück in die Flasche füllen und den Honig dazugeben. Nach 14 Tagen ist der Liebestrank „einsatzbereit".

Sie sollten diesen Liebestrank, trotz aller seiner Vorteile, nicht überdosieren, denn weniger ist auch hier mehr. Bei Bedarf reichen täglich zwei Schnapsgläschen voll. Denken Sie daran und füllen Sie ihn am besten in kleine Fläschchen.

ROTER GRANAT verschafft Feuer und Tatkraft – er gilt als klassischer Krisenstein. Er stärkt die innere Flamme, fördert das Selbstvertrauen, Willensstärke und Lebensfreude und schenkt Mut. Granat beseitigt unnötige Hemmungen und Tabus und hilft auch bei Potenzproblemen. Er beschleunigt den Kreislauf und kann blutdruckerhöhend wirken.

DAS IST
wirklich WICHTIG

[a] DIE VANILLESCHOTE wird aufge-
schlitzt im Ganzen in den Ansatz des
Liebestranks gegeben, nur so kann
sie am besten ihr Aroma entfalten.
Füllen Sie die Kräuterkostbarkeit am
Schluss in kleine Fläschchen ab.

[a]

TEES
liebevoll herstellen

EIN WILLKOMMENES GESCHENK FÜR ALLE MENSCHEN, DENEN WIR GUTES TUN WOLLEN, IST EIN PÄCKCHEN KRÄUTERTEE, LIEBEVOLL ZUSAMMENGESTELLT UND VERPACKT. WIR KÖNNEN HIER DURCH DEN GARTEN SCHLENDERN UND NACH LUST UND LAUNE AUS DEM VOLLEN SCHÖPFEN. FÜR DIE „FRISCHEVARIATION" ÜBERREICHEN WIR EINFACH EINEN TEIL DER BENÖTIGTEN KRÄUTER ALS DUFTSTRAUSS MIT REZEPT.

GUTEN-MORGEN-TEE
Zitronig-frisch

DIESE TEEMISCHUNG HABE ICH GUTEN-MORGEN-TEE GENANNT,
WEIL SIE SEHR ZITRONIG UND FRISCH DAHERKOMMT. ALSO GENAU
DAS RICHTIGE FÜR EINEN GUTEN START IN DEN TAG.

Zutaten für 100 g Tee

20 g Zitronenverbene

10 g Zitronenmelisseblätter

20 g Zitronengras

10 g Brombeerblätter

10 g Himbeerblätter

10 g Erdbeerblätter

5 g Kornblumenblüten

5 g Ringelblumenblüten

10 g Süßholzwurzel aus der Apotheke

Alle Kräuter in getrockneter Form verwenden. Die Mengenangaben beziehen sich auf das getrocknete Kraut, zum Trocknen daher jeweils etwa die doppelte Menge ernten.

Besonderes Werkzeug
- Waage, Schüssel, 2 Schaufeln zum Mischen, Schraubglas oder Dose

So geht's

1. Alle Blattkräuter sowie Zitronengras und Beerenblätter an einem schönen und trockenen Sommertag im Garten pflücken.

2. Die Blätter flächig auf einem mit einem Netz bespannten Keilrahmen oder flachen und stapelbaren Holzobstkisten ausbreiten. Dann an einem sehr warmen und schattigen Ort in ca. zwei bis drei Tagen trocknen [→a].

3. Die Kornblumenblüten abzupfen, wenn sie sich gerade öffnen wollen (Blütezeit Juni bis Oktober). Man sieht das an einem blauen „Fleck". Sie werden ebenfalls rasch getrocknet, sodass sie ihre blaue Farbe behalten.

4. Die Kronblätter der Ringelblumenblüte abzupfen und wie die anderen Bestandteile trocknen. Blütezeit der Ringelblumen ist von Juni bis Oktober.

5. Die Süßholzwurzel fertig geschnitten und getrocknet aus der Apotheke besorgen.

6. Alle Zutaten in einer großen Schüssel sorgfältig mischen, darauf achten, dass die Blätter weitgehend ganz bleiben [→b].

7. Den fertigen Tee in ein hübsches und gut schließendes Gefäß füllen und an einem dunklen Ort lagern [→c].

SÜSSHOLZ kann zu einer Erhöhung des Blutdrucks führen, daher sollten Hypertoniker (Menschen mit hohem Blutdruck) mit dieser Teedroge besonders vorsichtig umgehen.

[a]

[b]

[c] DUNKEL LAGERN. Diese optisch besonders reizvolle Kräutermischung sollten Sie unbedingt dunkel lagern oder in einer Dose verschenken, da die Blütenblätter leider schnell verblassen, wenn sie zu sehr oder zu oft der Helligkeit ausgesetzt sind.

DAS IST *wirklich* WICHTIG

[a] TROCKNEN. Die Kräuter werden an einem schattigen, aber warmen Ort im Freien getrocknet. Wenn sie auf einem Netz oder auf grobmaschiger Jute liegen, kann genug Luft zirkulieren.

[b] ZITRONENVERBENE, Zitronengras und Zitronenmelisse verleihen dem Guten-Morgen-Tee einen angenehm erfrischenden Zitronenduft. Die Himbeer-, Erdbeer- und Brombeerblätter ergeben einen leicht erdigen, fruchtig-frischen Geschmack, und die Gelb- und Blautöne der Ringelblumen- und Kornblumenblüten verpassen der Teemischung auch optisch ein erfrischendes Äußeres.

[c]

103

KRÄUTER-HAUSTEE
für jeden Tag

FÜR TEETRINKER IST DIESE MISCHUNG GENAU DAS RICHTIGE. DURCH DEN MILDEN UND LIEBLICHEN GESCHMACK, LÄSST SIE SICH JEDEN TAG AUFS NEUE GENIESSEN.

Zutaten 110 g Tee

10 g Ringelblumenblütenblätter

10 g Schafgarbenblüten

10 g Holunderblüten

5 g Rosenblütenblätter

5 g blaue Malvenblüten

20 g Erdbeerblätter

20 g Brombeerblätter

20 g Hagebuttenschalen, im Spätsommer geerntet

10 g Fenchel, im Mörser angestoßen

Alle Kräuter in getrockneter Form verwenden.

Besonderes Werkzeug
- Waage, Schüssel, 2 Schaufeln zum Mischen

So geht's

1. Alle getrockneten Blütenkräuter abwiegen und sorgfältig mischen. Trocknung siehe Seite 48 ff. sowie 102. Zur Trocknung die doppelte Menge an Frischkraut ernten.

2. Die getrockneten Blattkräuter dazugeben und mischen.

3. Zum Schluss den frisch gemörserten Fenchel dazugeben, mischen und in ein gut schließendes Gefäß abfüllen.

Bei dieser Teemischung kann z. T. auch mit frischen Blättern bzw. Blüten gearbeitet werden. Die angegebene Menge dann einfach verdoppeln und schnell verschenken.

DAS IST *wirklich* WICHTIG

[a] DIESE BUNTE und wohlschmeckende Mischung ist für die ganze Familie und wirklich für jeden Tag geeignet. Morgens zum Frühstück, nach dem Mittagessen oder als gemütlicher Feierabendtee wird diese Mischung Wohlbehagen auslösen.

[a]

ABEND-TEE
Entspannend und beruhigend

DIESE WOHLSCHMECKENDE MISCHUNG WIRKT WOHLTUEND,
ENTSPANNEND UND BERUHIGEND. INSBESONDERE IN STRESS-
SITUATIONEN KANN SIE EIN UNTERSTÜTZENDER BEGLEITER SEIN.

Zutaten für 100 g Tee

10 g Waldmeister

20 g Johanniskraut

20 g Zitronenmelisse

10 g Kamilleblüten

10 g Pfefferminze

10 g Fenchelfrüchte

20 g Baldrianwurzel aus der
Apotheke

Alle Pflanzen in getrockneter
Form verwenden. Die Rezeptangaben beziehen sich auf das
getrocknete Kraut. Zum Trocknen
etwa die doppelte Menge an
Frischkraut ernten.

Besonderes Werkzeug
▪ Waage, Schüssel, 2 Schaufeln
  zum Mischen, Mörser, Teedose

So geht's

1. Den Waldmeister bereits im April/Mai büschelweise trocknen.
   Trocknung siehe Seite 48 ff. sowie 102.

2. Das Johanniskraut am besten am längsten Tag des Jahres
   (21. Juni) oder rund um dieses Datum ernten. Dafür die oberen
   15 cm des Krautes mitsamt der Blüten, die um diese Zeit die
   höchste Heilwirkung haben, abschneiden und als Strauß kopfüber
   zum Trocknen aufhängen.

3. Ebenso mit der Zitronenmelisse, der Kamille und der Pfefferminze
   verfahren. Die Blätter werden erst in komplett getrocknetem
   Zustand abgezupft.

4. Die Fenchelfrüchte vom Vorjahr im Mörser etwas anstoßen und
   die Baldrianwurzel in der Apotheke besorgen (eventuell noch etwas klein schneiden).

5. Alle Zutaten sorgfältig mischen und in eine Teedose füllen.

Von dieser Teemischung nimmt man 1 EL pro Tasse. Bitte kochend
überbrühen und fünf Minuten ziehen lassen.
In besonderen Stresssituationen können statt ein bis zwei Tassen
am Abend durchaus drei bis vier Tassen über den Tag verteilt getrunken werden.

WALDMEISTER zählt zu den beruhigenden Kräutern. Dazu darf er jedoch
nur in Maßen und nicht unbedingt als alkoholischer Auszug in Form einer
Waldmeisterbowle genossen werden.

DAS IST *wirklich* WICHTIG

[a] FÜR DEN ENTSPANNUNGSTEE können Sie frische und getrocknete Kräuter mischen. Die Baldrianwurzel besorgen Sie sich am besten aus der Apotheke.

[a]

TEES SELBST GEMACHT
Das Wichtigste auf einen Blick

KRÄUTERTEE IST DIE URSPRÜNGLICHSTE ART DER KRÄUTERZUBEREI-
TUNG. KRÄUTERTEES WERDEN AUS BLÜTEN, BLÄTTERN, WURZELN,
FRÜCHTEN, SAMEN ODER AUCH AUS DEM GANZEN KRAUT ZUBEREITET.

Die Teekräuter können einzeln oder als Mischung aus verschiedenen Zutaten zur Anwendung kommen – sowohl im frischen als auch im getrockneten Zustand.

FRISCHE TEEKRÄUTER
Alle Frischkräuter werden zuerst gründlich verlesen, geputzt und in diesem Fall auch gewaschen. Anschließend wäre es sinnvoll, sie vorsichtig mit einem Küchentuch trocken zu tupfen. Nun sind sie bereit für die weitere Verarbeitung.

Bei der Zubereitung eines Frischtees ist zu berücksichtigen, dass die Pflanzenzellen noch ihren ganzen Wasseranteil beinhalten. Somit liegt der Wirkstoff oder das Aroma verdünnt vor und Sie benötigen von frischen Pflanzen etwa die doppelte Menge im Vergleich zu getrockneten Teezutaten. Das bedeutet, Sie brauchen zwei Esslöffel frische Teekräuter pro Tasse im Vergleich zu einem Esslöffel getrockneter Teemischung.

GETROCKNETE TEEKRÄUTER
Die weitaus gebräuchlichere Art der Teezubereitung ist die aus getrockneten Pflanzenteilen. Dabei dürfen die Pflanzen vor der Trocknung auf keinen Fall gewaschen werden, denn nach dieser Reinigung ist das Trocknen fast nicht mehr möglich. Feuchte Pflanzenteile, und seien sie noch so gut trockengetupft, fangen sehr schnell an zu verderben, falls sie nicht gleich verwendet werden können.

Die Trockenzeit für Kräuter sollte so kurz wie möglich gehalten werden, damit die wertvollen Inhaltsstoffe und Aromen nicht zerstört werden. Das oberste Sammelgebot lautet daher: Nur an trockenen und warmen Tagen und frühestens drei Tage nach einer Regenperiode losziehen. Erst dann kann man davon ausgehen, dass keine Restfeuchte mehr vorliegt. Damit schafft man die besten Bedingungen, um ein schnelles Trocknen zu gewährleisten.

TEEKRÄUTER LAGERN
Die Vorteile eines Trockentees liegen darin, dass ein solcher Tee eine gute Lagerfähigkeit besitzt. Darüber hinaus kann bei sachgemäßem Umgang eine weitgehend gleichbleibende Qualität gewährleistet werden. Getrocknete Kräuter werden in gut verschließbaren Gläsern oder Dosen dunkel aufbewahrt. Diese sollten nach Möglichkeit beschriftet werden, damit keine Verwechslungen vorkommen können.

HEXEN-HUSTEN-TEE
für schnelle Linderung

„HEXEN" HABEN JETZT NICHT WIRKLICH EINEN EIGENEN HUSTEN, ABER MIT DIESER MISCHUNG KANN MAN GLEICH ZWEI DINGE HEXEN: EINEN KLASSISCHEN KRÄUTERTEE UND EINE GURGELLÖSUNG. IST DOCH PRAKTISCH, ODER?

Zutaten für 120 g Tee

40 g Salbeiblätter

40 g Thymianblätter

40 g Spitzwegerichblätter

Die Rezeptangaben beziehen sich auf das getrocknete Kraut. Die Zubereitung ist aber auch mit frischem Kraut möglich.

Besonderes Werkzeug
- Messer oder Schere, Schüssel und Schaufeln zum Mischen, Waage

So geht's

1. Garten-Salbei und Thymian als Kräuterbüschel trocknen (siehe Seite 48 ff. sowie 102). Die Spitzwegerichblätter flächig auslegen und ebenfalls trocknen. Spitzwegerich hat als Inhaltsstoffe natürliche Antibiotika.

2. Die Salbei- und Thymianblätter abstreifen und mit den Spitzwegerichblättern mischen.

3. In diesem Fall, weil es sich um große trockene Blätter handelt, die Mischung mit einem großen Küchenmesser grob hacken und danach in eine gut schließende Dose füllen.

Der Tee ist kochend überbrüht nach fünf Minuten fertig. Wenn der Hals jedoch gar zu heftig kratzt, ist auch eine längere Ziehzeit möglich (ca. zehn Minuten), da dann die Gerbstoffe der Salbeiblätter zusätzlich gelöst werden. Diese wirken zusammenziehend. Pro Tasse wird 1 EL getrockneter Tee verwendet. Normalerweise reichen zwei bis drei Tassen am Tag.

FÜR EINE GURGELLÖSUNG verwendet man 1 EL auf eine halbe Tasse Wasser und lässt das Ganze zehn Minuten ziehen.

DAS IST
wirklich
WICHTIG

[a] DIESE TEEMISCHUNG kann eine „eingefangene" Erkältung ausbremsen, wenn sie rechtzeitig, d. h. bei den ersten leichten Beschwerden wie Halskratzen und Niesen zum Einsatz kommt.

KRÄUTERBÄDER
und Cremes zum Wohlfühlen

DIE SONNE KITZELT DIE MÜDEN GLIEDER WACH.
ES WIRD ZEIT, DEN ERNTEKORB AUS DER
KAMMER ZU HOLEN UND DIE ZARTEN PFLANZEN
IN KÖSTLICHE UND DUFTENDE GESCHENKE ZU
VERWANDELN. LASSEN SIE SICH VON DEN VIELEN
IDEEN AUF DEN FOLGENDEN SEITEN VERZAUBERN.

DAS IST *wirklich* WICHTIG

[a] WER ZUM ERSTEN Mal eine Creme selbst rührt, sollte unbedingt die dazu erforderlichen „Werkzeuge" vorliegen haben, da es sich mit improvisierten Geräten um ein Vielfaches schwieriger gestaltet, diese Rezeptur mit Erfolg zustande zu bringen. Im ersten Schritt werden dann Bienenwachs und Wollfett geschmolzen.

[b] AUCH DER WECHSEL des Aggregatzustandes von flüssig nach fest ist besser zu bewältigen, wenn man die richtigen Geräte hat, da das sogenannte „Kalt-Rühren" eine entsprechende Größe des Gefäßes erfordert.

[c] ZUM SCHLUSS werden die ätherischen Öle der Creme zugegeben.

[d] PLANEN SIE IMMER eine größere Menge dieser Creme ein, denn die Arbeit ist die gleiche, und die Creme hält sich im Kühlschrank etliche Wochen „verbrauchsfrisch".

[d]

114   [a]

[b]

[c]

RINGELBLUMEN-CREME
Wohltuend für trockene Haut

DIE RINGELBLUME HAT EINE HEILENDE UND ENTZÜNDUNGSHEMMENDE EIGEN-
SCHAFT. MENSCHEN MIT EXTREM TROCKENER UND AUFSPRINGENDER HAUT
WERDEN SICH DAHER ÜBER DIESES CREMIGE GESCHENK SEHR FREUEN.

Zutaten

16 g Bienenwachsrotuli

75 g wasserfreies Wollfett

150 g Ringelblumenöl

120 g Rosenwasser

2 Tropfen Duftgeranienöl

Besonderes Werkzeug
- Elektrokochplatte mit 3 Heizstufen, Topf fürs Wasserbad, eine Salbenschale mit Pistill (Rührer), Pipette

So geht's

1. In einer Salbenschale werden über einem Wasserbad zunächst das Bienenwachs und Wollfett geschmolzen (beides erhältlich in der Apotheke) [→a].

2. Wenn alle Bestandteile zu einer goldgelben und transparenten Flüssigkeit geschmolzen sind, lässt man das Ganze etwas abkühlen, ohne dass das Wachs allerdings wieder fest zu werden droht.

3. In dieser Zeit wird das Ringelblumenöl leicht erwärmt und unter das flüssige Fett-Wachs-Gemisch gerührt, bis es sich gleichmäßig darin verteilt hat [→b].

4. Das Rosenwasser wird tropfenweise mittels Rühren in die Fettgrundlage eingearbeitet und kalt gerührt [→c].

5. Ganz zum Schluss werden zu dieser bereits durch das Rosenwasser duftenden Creme die zwei Tropfen Duftgeranienöl zugegeben, um die ganze Spezialität abzurunden.

6. Anschließend wird die Creme mithilfe eines Spachtels (wie beim HNO-Arzt) in absolut saubere Salbentiegel gefüllt und kühl gestellt.

Das Endprodukt ist eine sogenannte Emulsion auf Fett-Wasser-Basis mit dem Vorteil, dass sie im Gegensatz zu einer reinen Fettcreme auch die tief liegenden Hautschichten mit ihrer Heilwirkung erreichen kann.

Die Variante

Mandelölcreme für trockene Haut
5 g Bienenwachs, 15 g wasserfreies Wollwachs, 40 g Mandelöl, 40 g Rosenwasser (aus der Apotheke), ½ TL flüssiger Honig, zwei Tropfen ätherisches Geranienöl (aus der Apotheke). Das Bienen- und Wollwachs im Wasserbad schmelzen und das erwärmte Mandelöl nach und darunterrühren. Das lauwarme Rosenwasser tropfenweise einrühren, bis die gesamte Flüssigkeit gebunden ist. Zum Schluss den Honig und das ätherische Öl gut einrühren. In eine saubere, gut schließende Salbendose abfüllen.

KRÄUTERBÄDER
Das Wichtigste auf einen Blick

EINE SEHR WOHLTUENDE, WENN AUCH VIELFACH AUS
DER MODE GEKOMMENE ZUBEREITUNG AUS KRÄUTERN
IST DAS ALTBEWÄHRTE KRÄUTERBAD.

Es gibt für mich nichts Schöneres, als mich nach einem anstrengenden Tag am Abend in mein Badezimmer zurückzuziehen und bei einem wohlig warmen, duftenden Kräuterbad und einer interessanten Lektüre die Anspannungen des Tages zu vergessen und abzubauen. Entspannung, seelisches Wohlbefinden und eine Weile Zeit für sich selbst sind die Faktoren, die ein Kräuterbad neben der Körperpflege so wertvoll machen.

KLASSISCHE KRÄUTERBÄDER
Diese werden mit getrockneten Kräutern, wie Lindenblüten, Rosmarin, Lavendel, Thymian und Quendel, angereichert. 50 bis 100 g Kräuter oder Kräutermischung werden in einem Liter Wasser fünf bis zehn Minuten aufgekocht. Die Flüssigkeit seiht man anschließend durch einen Filter dem Badewasser zu.
Aus ätherischem und einem Basisöl, wie Jojoba-, Avocado-, Weizenkeim-, Mandel- oder Olivenöl, kann ein Ölbad hergestellt werden. Zehn bis 15 Tropfen ätherisches Öl werden mit einem halben Liter Basisöl vermischt und

esslöffelweise dem Badewasser zugesetzt. Für ein Schaumbad gibt man dann noch einige Spritzer Neutralseife dazu oder aber Seifenflocken aus geriebener Olivenölseife.

BADEZUSÄTZE MIT ÄTHERISCHEN ÖLEN
Es besteht aber auch die Möglichkeit, einen Badezusatz nur mit ätherischen Ölen herzustellen. Ätherische Öle dürfen nie pur verwendet werden, denn bei direktem Hautkontakt kann dies zu erheblichen Haut- und Schleimhautschädigungen führen.
Deshalb benötigen wir für einen Badezusatz mit ätherischem Öl unbedingt einen Emulgator in Form von Milch oder süßer Sahne, da diese Pflanzenessenzen zwar fett, aber nicht wasserlöslich sind. Sie würden ohne Emulgator konzentriert auf der Wasseroberfläche schwimmen. Mithilfe der Sahne verteilen sich die ätherischen Öltropfen ganz fein im Badewasser, sodass keine Hautprobleme zu befürchten sind. Auf diese Art und Weise können wir unser Duftbad ungestört genießen.

DAS IST
wirklich
WICHTIG

[a] ZUM VERSCHENKEN wird der Lavendel in kleine, hübsche Säckchen gefüllt.

[b] DER AUFGUSS dieses Lavendelbades muss aufgrund des ätherischen Ölanteils unbedingt mit Sahne vermischt werden, da diese als Emulgator wirkt. So kann sich das ätherische Öl im Badewasser verteilen und „schwimmt" nicht auf der Wasseroberfläche. Sonst kann es zu Hautreizungen kommen.

[c] VOR DER ANWENDUNG wird der Lavendel mit kochendem Wasser überbrüht.

[b]

[c]

LAVENDEL-BAD
Herrlich entspannend

NACH EINEM ANSTRENGENDEN ARBEITSTAG MIT VIELEN AUFREGUNGEN IST EIN DUFTENDES LAVENDELBAD AM ABEND DIE IDEALE ART, ALLES HINTER SICH ZU LASSEN UND SICH MIT DUFTENDEM LAVENDEL ZU ENTSPANNEN.

Zutaten

100 g getrocknete Lavendelblüten mit Stängel

1 Likörglas süße Sahne

Ätherisches Melissenöl (aus der Apotheke)

1 l Wasser

Besonderes Werkzeug
- Kochtopf, Trichter, Flasche, Pipette, Schnapsglas, hübscher Stoff und Faden

So geht's

1. Die Lavendelblüten im Sommer mit Stängel abschneiden und zu kleinen Sträußchen zusammenbinden. Kopfüber an einem warmen Ort trocknen. Danach die Blüten abstreifen und die Stängel klein schneiden, denn auch diese können als Badezusatz verwendet werden.

2. Die Lavendelblüten und Stängel auf hübschen, quadratischen Stoff legen [→a] und mit farblich passender Schnur oder Faden ein Säckchen binden.

Der Beschenkte muss kurz vor der Anwendung die Säckchen (oder 100 g) mit 1 l kochendem Wasser überbrühen und zehn Minuten ziehen lassen [→c]. Danach abseihen und diesen Auszug mit Sahne (ca. 20 ml) sowie mit zehn Tropfen ätherischem Melissenöl vermischen. Auf einem hübschen Schildchen kann dies leicht vermerkt werden.
Oder der getrocknete Lavendel wird direkt mit kochendem Wasser überbrüht, zehn Minuten ziehen gelassen, abgeseiht, mit Sahne verrührt und ätherischem Öl vermengt. In eine sehr saubere Flasche abgefüllt und mit dem Vermerk „zum raschen Gebrauch", kann die Mischung auch komplett fertig verschenkt werden.

Die Variante

Heublumenbad
Ein Waschhandschuh o. Ä. wird mit 100 g Heublumen und verschiedenen getrockneten Blüten aus dem Garten gefüllt und fest zugebunden. An dieses Säckchen bringt man eine größere Schlaufe aus Schnur an. Der Beschenkte muss später das Heublumensäckchen in das einlaufende Badewasser hängen, sodass der Wasserstrahl durch die Kräutermischung fließt.
Ein Heublumenbad ist bei Stoffwechselstörungen, körperlicher Abgespanntheit und nach einem Spaziergang durch die kalte Winterluft zu empfehlen. Heublumensäckchen können auch, im trockenen Zustand erhitzt, zur Wärmetherapie bei Neuralgien und Entzündungen verwendet werden. Achtung: Nicht für Menschen mit Heuschnupfen geeignet.

ROSMARIN-FUSSBAD
gegen kalte Füße

ROSMARIN IST STARK ANREGEND UND DURCHBLUTUNGSFÖRDERND. IN FORM EINES FUSSBADES SORGT ER FÜR WOHLIGE WÄRME. DAHER IST EIN ROSMARIN-FUSSBAD DAS PERFEKTE GESCHENK FÜR ALLE MENSCHEN MIT KALTEN FÜSSEN.

Zutaten

2 EL Meersalz

10 bis 15 Tropfen ätherisches Rosmarinöl

2 EL Milch

1 l warmes Wasser

Besonderes Werkzeug
- Flasche, Trichter, Pipette, Schnapsglas

So geht's

1. Das Rosmarinöl am besten in einem kleinen Glas mit der Milch vermischen.

2. Das Meersalz in die Flasche geben. Mit Wasser aufgießen und durch Schütteln darin auflösen.

3. Die Milchmischung zum Schluss dazugießen und das Ganze noch einmal gut schütteln, sodass sich die Bestandteile gleichmäßig verteilen können.

4. Als Geschenk mit einem schönen Schild und dem Vermerk „zum raschen Verbrauch bestimmt" überreichen.

Sie können das Rosmarinöl zunächst auch nur mit dem Salz und einigen getrockneten, zerriebenen Rosmarinblättern vermengen [→a]. Schreiben Sie dann dem Beschenkten ein schönes Schild, auf dem die Mischung mit Milch und Wasser kurz vor Anwendung notiert ist.

ACHTEN SIE BEIM KAUF VON ÄTHERISCHEM ÖL unbedingt auf den Hinweis „100 % reines ätherisches Öl", denn aus Kostengründen werden oft mit Fuselölen gestreckte Parfümöle angeboten. Diese sind ungeeignet!

DAS IST *wirklich* WICHTIG

[a] **GUTE WIRKUNG.** Dieses „leckere" Rosmarinbade-
salz sollte am Abend nur maximal zehn Minuten angewendet werden, da die ätherischen Öle des Rosmarins
auch inhaliert werden und damit anregend wirken
können. Wer unter Hautproblemen leidet oder dieses
Entspannungsbad auch zur Entschlackung genießen
möchte, kann pro Vollbad noch ein bis zwei Tassen
Meersalz in das Wasser geben.

[a]

SERVICE & BEZUGSQUELLEN

Kräuterhexe Maulbronn
Klosterhof 2
75433 Maulbronn
Tel.: (0 70 43) 73 98
E-Mail: millefolia@t-online.de
www.kraeuterhexe-galerie.de

ZUBEHÖR

Fissler GmbH
Fr. Beate Adler
Harald-Fissler-Str. 1
55743 Idar-Oberstein

· Töpfe, Schnellkochtöpfe, Küchen-
helfer, Messer in Premiumqualität

**Großhandel für Flaschen, Gläser
und Konservendosen e.K.**
Hartmut Bauer
Bauhofring 25
71732 Tamm
Tel.: (0 71 41) 6 43 69 25
E-Mail: info@flaschenbauer.de
www.flaschenbauer.de

· Einweckgläser und Zubehör sowie
Spirituosenflaschen für Likör
und Wein. Leere Glasballons für
Getränke, Öl- und Essigflaschen,
Verschlüsse jeglicher Art. Tex-
tildeckchen und andere Dekora-
tionsartikel, um Ihr Geschenk in
Szene zu setzen.

Novaplus Fachversand GmbH
Stellebergstr. 9
73092 Heiningen
Tel. (0 71 61) 9 65 94 20
E-Mail: info@novaplus.de
www.novaplus.de

· Küchengerät und -hilfen von Pas-
siertüchern, Schneidebrettern und
Messer-Sets bis hin zu Aufbewah-
rungsbehältern und Töpfen.

STAUDEN

Staudengärtnerei Gaissmayer
Jungviehweide 3
89257 Illertissen
Tel.: (0 73 03) 72 58
E-Mail: info@staudengaissmayer.de
www.staudengaissmayer.de

· Über 3.000 Arten und Sorten von
Stauden, Biokräutern, Duftpflan-
zen, Malven, Phlox; Stauden
für den ländlichen Garten, viele
Raritäten, Besonderheiten und
Neuheiten. Über 50 Minzssorten.

Die Gärtnerei am Karpfenteich
Dipl. Ing. Daniela Riegler
Rumleshof 2
92342 Freystadt
Tel.: (0 91 79) 12 28
www.gaertnerei-am-karpfenteich.de

· Prachtstauden, Wildstauden,
winterharte Kräuter, Gräser und
Steingartenpflanzen

KRÄUTER UND
DUFTPFLANZEN

**Kräuter- und Staudengärtnerei
Mann**
Schönbacherstr. 25
02708 Lawalde
Tel.: (0 35 85) 40 37 38
E.Mail: info@planzenreich.com
www.staudenmann.de

· Große Vielfalt an Kräutern und
Stauden. Über 600 verschiedene
Duft-, Gewürz- und Heilkräuter
sowie 2.500 verschiedene Garten-
stauden und Gartenpflanzen aus
eigener Produktion. Online-Shop
und Sortenbeschreibungen.

**Rühlemann's Kräuter &
Duftpflanzen**
Auf dem Berg 2
27367 Horstedt
Tel.: (0 42 88) 92 85 58
E-Mail: info@ruehlemanns.de
www.ruehlemanns.de

· Über 1.200 Kräuterarten und
-sorten! Gestaltungstipps und
Seminare.

Otzberg Kräuter

Burghart Koch-Seubert
Erich-Ollenhauer-Str. 87 b
65187 Wiesbaden
Tel.: (06 11) 8 12 05 45
www.otzberg-kraeuter.de

· Über 800 verschiedene Kräuter und viele seltene Genusspflanzen wie heimische und exotische Obstgehölze sowie alte Sorten. Seminare und Veranstaltungen.

Syringa Duftpflanzen und Kräuter

Bachstr. 7
78247 Hilzingen-Binningen
Tel.: (0 77 39) 14 52
E-Mail: info@syringa-pflanzen.de
www.syringa-pflanzen.de

· Duftpflanzen, Duftsträucher, Blumenwiesen, Blumenzwiebeln und Gemüse. Gartentipps, Schaugarten und Veranstaltungen.

Raritätengärtnerei Treml

Eckerstr. 32
93471 Arnbruck
Tel.: (0 99 45) 90 51 00
E-Mail: treml@pflanzentreml.de
www.pflanzentreml.de

· Alles rund um Kräuter. Gängiges Sortiment sowie viele Besonderheiten und Raritäten. Beerenobst, Gemüse (alte Sorten), Wasserpflanzen.

ROSEN

Bei folgenden Rosenschulen und Rosenzüchtern erhalten Sie ein umfangreiches Sortiment an Rosenarten und -sorten sowie Pflegetipps und Sortenbeschreibungen (Homepage).

Rosen Tantau

Tornescher Weg 13
25436 Uetersen
Tel.: (0 41 22) 70 84
E-Mail: verkauf@rosen-tantau.com
www.rosen-tantau.com

BKN Strobel

Pinneberger Str. 238
25488 Holm-Kreis Pinneberg
Tel.: (41 03) 12 12-0
E-Mail: info@bkn.de
www.bkn.de

Noack Rosen

Im Fenne 54
33334 Gütersloh
Tel.: (0 52 41) 2 01 87
E-Mail: info@noack-rosen.de
www.noack-rosen.de

BÄUME UND STRÄUCHER

Schob Baumschule

Lößnitzer Str. 82
08141 Reinsdorf
Tel.: (03 75) 29 54 84
E-Mail: info@schob.de
www.schob.de

· Laub- und Nadelbäume, ca. 100 Rosensorten für alle Verwendungsbereiche inklusive eines Schaugartens, Kräuter, Stauden und Zubehör.

Baumschule Alte Obstsorten

Meinolf Hammerschmidt
Waldweg 2 - Winderatt
24966 Sörup
Tel.: (0 46 35) 27 45
E-Mail: hammerschmidt@alte-obstsorten.de
www.alte-obstsorten.de

· Spezialisiert auf Anzucht alter Obstsorten. Großes Sortiment an Stein- und Kernobst. Beeren- und Spalierobst. Beratung, Planung und Anlage von Obstwiesen. Onlineshop.

Ahornblatt GmbH

Postfach 11 25
55001 Mainz
Tel.: (0 61 31) 7 23 54
E-Mail: Nachricht@Ahornblatt-Garten.de
www.ahornblatt-garten.de

· Von Hundsrose und Schlehe über Wildobst und alte Kulturobstsorten bis hin zu seltensten Gehölz- und Rosenformen, die man sonst kaum noch findet.

REGISTER

Hervorgehobene Seitenzahlen verweisen auf Abbildungen.

A

Abend-Tee 106 f., **107**
Abfiltrieren 23, 67
Abwaschen, Kräuter 94 f., **95**
Akazienhonig 12
Alkohol 69
Anis, Ernte 84
Antistress-Schnaps 78 f., **79**
Aperitif 64
Apfel-Birne-Schnaps 69 f., 74
Apfelminze 72 f.
Apfelminze-Likör 72 f., **73**
Apfelrosen 14
Armagnac 73
Ätherische Öle 51, 85 f., 91, 114, 120

B

Backofen, trocknen 50
Bad, Lavendel- 118 f., **118**
Badezusätze 91, 117
Baldrian 78, 106
Bärlauch 12, 20
Bärlauch-Essig 12 f., **13**
Basilikum 38 f., 50, 53
Basilikum-Lorbeer-Öl 38 f., **39**
Basisöl 117
Basiswein 69
Bergkristall **92,** 93
Beruhigende Kräuter 78
Bienenwachs 114 f.
Blattkräuter 60, 102
Blattsalate 10, 31
Blütezeit, Löwenzahn 64
Bohnenkraut-Salz 55
Borretsch-Essig 10 f., **11**
Bronze-Fenchel 80
Brotkräuter 60 f., **61**

C

Ceylonzimt 44 f., **45**
Chilischoten 36 f., **37**
Creme, Ringelblumen- 114 f., **114**
Creme, Werkzeuge 114

D

Distelöl 35
Doppelkorn 74, 84, 94
Duftgeranienöl 115
Duftrosen 22
Duft-Veilchen 20

E

Edelsteine 91
Eibischwurzel 96
Einlegen, Kräuter 19
Elixiere 83 ff., 93
Entspannungstee 106 f., **107**
Erdbeer-Minze-Likör 73
Erdnussöl 32, 35, 44
Erkältungstrank 96 f., **97**
Ernte, Anis 84
Ernte, Bärlauch 12
Essig 9 ff.
- Bärlauch- 12 f., 13
- Borretsch- 10 f., **11**
- Frühlings- 20, 21
- Haltbarkeit 19
- Herbstkräuter- 24 f., **25**
- Lagerung 19
- Rosen- 14
- Rosenblüten- 14 f., **15**
- selbst gemacht 19
- Sommer- 22 f., **23**
- Thymian- 16 f., **17**
- Winter- 26 f., **27**
Estragon, Französischer 80

F

Fenchel, Bronze- 80
Fisch 53
Fischgerichte, Kräuteröl 32
Fleisch 53
Frankreich 53
Frische Kräuter 31
Frische Teekräuter 109
Fruchtessig 22
Frühlings-Essig 20, **21**
Fußbad, Rosmarin 120

G

Gänseblümchen 20
Garten-Kresse 20
Garten-Salbei 80, 96, 110
Geschmacksverstärker, natürliche 57
Getrocknete Kräuter 35, 57, 109
Getrocknete Zwiebel 59
Getrockneter Lavendel 119
Gewürznelken 26, 44, 88
Grappa 76 f.
Grappa di Ruta 76 f., **77**
Gurgellösung 110
Gurkenkraut 10, **11**
Gurkensalat 10
Guten-Morgen-Tee 102 f., **103**

H

Hagebutten 24 f., **25,** 102
Hagelsalz 57
Haltbarkeit, Essige 19
Haustee, Kräuter 104 f., **105**
Heilkräuterwein 69
Heilschnäpse 91
Herbstkräuter-Essig 24 f., **25**
Heublumenbad 119
Holunderblüten 70 f., **71**
Huflattich 96 f., **97**
Husten-Tee 110 f., **111**

I

Ingwer 26, 98

J

Jodgehalt 57
Johanniskraut 78, 106

K

Kalt gepresst, Öl 35
Kalt-Rühren, Creme 114, **114**
Kandieren, Orangenschalen 12 f., **13**
Kardamomkapseln 44, **45**
Kartoffelsalat 31
Klassische Kräuterbäder 117
Knoblauch 12
Kochsalz 58
Königskerze 96
Konservierungsmittel 19, 57
Koriander 32
Korn 84
Kornblume 102
Krauseminze 53
Kräuter
- abwaschen 94 f., **95**
- Bäder 113 ff., 117
- beruhigende 78
- einlegen 19
- Essig, Zutaten 19
- frische 31
- Geist 80 f., **81**
- getrocknete 31, 35, 57, 103
- Haustee 104 f., **105**
- Öl 32 f., **33**
- Öl der Provence 42 f., **43**
- Öl, Fischgerichte 32
- Salze 47 ff.
- Salz Italien 53
- Salz, Vorrat 57
- Salzmischungen 57
- sammeln 109
- Schnaps 91
- Sträußchen 49, **49**

- ungewaschene 35
Kresse, Garten 20
Krisenstein 98
Kristallsalz 57
Kümmelschnaps 80

L

Lagern, Guten-Morgen-Tee 103
Lagern, Teekräuter 109
Lagerung, Essig 19
Lapislazuli 94 f., **95**
Lavendel 74
- Bad 118 f., **118**
- Blüten 42, 53, 75, **75,** 119
- getrocknet 119
- Honig 84
- Likör 74 f., **75**
Liebestrank 98 f., **99**
Likör 63 ff., 91
- Apfelminze- 72 f., **73**
- Lavendel- 74 f., **75**
- Lindenblüten- 70 f., **71**
- Provence- 84 f., **85**
- Ringelblumen 94 f., **95**
- Sommer- 88 f., **89**
- Verbenen- 86 f., **87**
Linde, Winter- 71
Lindenblüten 70 f., **71**
Lorbeerblätter 39, **39**
Löwenzahnblüten 64 f., **65**
Löwenzahn-Wein 64 f., **65**

M

Majoran 55
Majoran-Salz 54 f., **54**
Mandelölcreme 115
Marinieren, Thymian 40
Meersalz 50, 53, 57, 120
Moosachat 96
Mörser 51 f., **51 f.**

O

Obstschnaps 74, 86
Öl
- Ätherisches 51, 85 f., 91, 114, 120
- Basilikum-Lorbeer-

38 f., **38**
- kalt gepresst 35
- Oliven- 38
- Pizza- 36 f., **37**
- Salatkräuter- 30 f., **30**
- Thymian- 40 f., **41**
- Zimt- 44 f., **45**
Orangeat 16
Orangenminze 80
Orangenschalen kandieren 12 f., **13**
Oregano 24
Orient 26

P

Paprika 68
Pfannkuchen 44
Pfefferminze 88
Pfefferminzöl 88
Pflanzen trocknen 48 f., 69, 102
Pistill 51, **51**
Pizza-Öl 36 f., **37**
Provence-Likör 84 f., **85**

R

Rapsöl 35
Ringelblumen 94
- Creme 114 f., **114**
- Likör 94 f., **95**
- Öl 115
Robinienblüten 14, **15**
Rosen
- Blüten 14 f., **15**
- Blüten-Essig 14 f., **15**
- Öl 14
- Wasser 14, 115
Rosmarin 53, 91
- Badesalz 121, **121**
- Fußbad 120
- Öl 120
- Wein 67
Rotklee 88
Rotweinessig 24

S

Salatkräuter 58 f., **59**
Salatkräuter-Öl 30 f., **30**

Salbei, Garten- 67, 80, 96, 110
Salbei-Wein 66 f., **66**
Salz
- der Provence 52 f., **52**
- für alle Fälle 48 f., **49**
- Majoran- 54 f., **54**
- nachwürzen 48
- Salinen- 57
- selbst gemacht 57
Sammeln, Kräuter 109
Schabzigerklee 60
Schnaps 74, 63 ff.
Schnaps, Antistress- 78 f., **79**
Sherry 64
Sommer
- Essig 22 f., **23**
- Likör 88 f., **89**
- Salat 14, 16, 22
Sonnenblumenöl 40
Spitzwegerichblätter 96, 110
Stoffwechselanregung 20
Süßholzwurzel 102

T

Tee 101 ff.
- Abend- 106 f., **107**
- Guten-Morgen- 102 f., **103**
- Husten- 110 f., **111**
- Kräuter, frische 109
- Kräuter, getrocknete 109
- Kräuter lagern 109
- Mischung 102
- selbst gemacht 109
Thymian 16, 24, 40
- marinieren 40
- Zitronen- 17
- Essig 16 f., **17**
- Öl 40 f., **41,** 84
Tomaten-Würzsalz 50 f., **51**
Trichter 87, **87**
Trockene Haut 115
Trocknen
- Kräuter 31, 102 ff.
- Backofen 50
- im Freien 48 f.
- Kräutersträußchen 49
- Pflanzen 48 f., 69, 102

V

Vanilleschote 98 f.
Veilchen, Duft- 20
Verbenenblätter 74
Verbenen-Likör 86 f., **87**
Verdauungsstörungen 94
Veredeln, Wein 69
Vorrat, Kräutersalz 57

W

Waffeln 44
Waldfrüchte 23
Waldmeister 106
Wein 63 ff.
- Salbei- 66 f., **66**
- veredeln 69
- Zutaten 69
Weinraute 76 f., **77**
Werkzeuge, Creme 114
Wiesenschaumkraut 20 f., **21**
Wildkräutersalat 20
Winter-Essig 26 f., **27**
Winter-Linde 71
Wodka 74, 80, 88
Würzöle 29 ff.
Würzöle, selbst gemacht 35
Würzsalz, Tomaten- 50 f., **51**

Y

Ysop 16, 24, 94

Z

Zentifolien 14
Zimtbaum 44
Zimt-Öl 44 f., **45**
Zitronengrasöl 86
Zitronenthymian 17
Zitronenverbene 86, 103, **103**
Zwiebel, getrocknete 59

NATUR TUT GUT

Genießen und verwöhnen mit Kräutern

Gabriele Bickel
Was die Kräuterhexe noch wusste
128 Seiten, 152 Abbildungen, €/D 9,99

Hexenkräuter, Heiltränke, Tees, Salben und Öle.
Entdecken Sie die wunderbaren Rezepturen und
Elexiere einer erfahrenen Kräuterfrau. Die Kräuterhexe Gabriele Bickel nimmt Sie mit auf eine Reise
zu ihren Lieblingspflanzen, die besonders schmack-
haft sind oder uns einfach guttun. Lassen Sie sich
überraschen, welch ungeahnte Wirkung hinter
manchem vermeintlichen „Unkraut" steckt.

Weitere Bücher mit Wohlfühlaroma von der Kosmos Kräuterhexe:

240 S., 280 Abb., €/D 12,95   156 S., 254 Abb., €/D 12,90

NATÜRLICH KREATIV

So liebevoll und individuell kann Schenken sein

Barbara Krasemann
Geschenke aus meinem Garten
144 Seiten, 121 Abbildungen, €/D 14,99

Selbst gemacht ist es am schönsten!
Der Garten bietet eine Fülle von Möglichkeiten, Materialien und Inspiration für schöne Geschenke und Mitbringsel. Barbara Krasemann zeigt, wie man aus Pflanzenschätzen zu jeder Jahreszeit Geschenke und fantasievolle Dekorationen herstellt: von Frühlingsschokolade bis Weihnachtslikör, von Beerentee bis Zimtseife.

Weitere Bücher mit den besten Geschenkideen zum selber machen:

128 S., 58 Abb., €/D 14,95

144 S., 130 Abb., €/D 14,99

kosmos.de

AKTEURE

Gabriele Bickel ist ausgebildete Apothekenhelferin sowie Pharmazeutisch-technische Assistentin. Nach langjähriger Berufstätigkeit studierte sie Graphik-Design. Ihre Leidenschaft und ihr Wissen für Kräuter, Gesundheit und Kunst vereinte sie schließlich in ihrer wunderbaren Tätigkeit als „Kräuterhexe von Maulbronn".

In ihrer Kräuterhexengalerie im UNESCO-Weltkulturerbe Kloster Maulbronn bietet sie erlesene und handgemachte Kräuterprodukte wie Tees, Salze, Essige, Öle, Badezusätze, Deko etc. an. Dort beantwortet sie auch persönlich Fragen rund um das Thema Kräuter. In ihren zahlreichen Büchern und Veröffentlichungen gibt sie authentisch und nachvollziehbar ihr Wissen in schriftlicher Form weiter.

Anne Rogge und **Jan Jankovic** sind Dipl. Fotodesigner aus Düsseldorf. Gemeinsam führen sie das Fotostudio Rogge & Jankovic Fotografen mit Schwerpunkt Food, Stills & Places. Für ihr Kochbuch Herbst-Winter-Gemüse, ebenfalls im Kosmos Verlag erschienen, wurden sie 2008 mit dem Gourmand Cookbook Award ausgezeichnet.

Mit ihren Fotos haben sie die Rezepte dieses Buches außergewöhnlich in Szene gesetzt und in liebevolle Geschenke verwandelt. Die kreativen Verpackungsideen und das Styling stammen ebenso aus der Hand der beiden Fotografen.

Alle Angaben in diesem Buch sind sorgfältig geprüft und geben den neuesten Wissensstand bei der Veröffentlichung wieder. Da sich aber das Wissen laufend und in rascher Folge weiterentwickelt und vergrößert, muss jeder Anweder prüfen, ob die Angaben nicht durch neuere Erkenntnisse überholt sind. Dazu muss er zum Beispiel Beipackzettel zu Dünge-, Pflanzenschutz- bzw. Pflanzenpflegemitteln lesen und genau befolgen sowie Gebrauchsanweisungen und Gesetze beachten. Jede Dosierung und Anwendung erfolgt auf eigene Gefahr. Autor und Verlag müssen alle Schadensersatzansprüche von vornherein ablehnen. Gebrauchsnamen, Handelsnamen, Warenbezeichnungen sind in diesem Buch ohne nähere Kennzeichnung in Bezug auf Marken, Gebrauchsmuster und Patentschutz weitergegeben. Daraus kann nicht abgeleitet werden, dass diese Namen und Verfahren als frei im Sinne der Gesetzgebung gelten und von jedermann benutzt werden dürfen. Das Allerwichtigste ist, dass Sie die Pflanzen und insbesondere die Kräuter einwandfrei erkennen. Oftmals gibt es verwandte Arten, die sich sehr ähnlich sehen. Die eine ist jedoch gut, die andere giftig. Wenn Sie irgendwelche Zweifel haben, dann verwenden Sie die Pflanze nicht. In der Apotheke bekommen Sie beispielsweise die beschriebenen Kräuter in getrockneter Form.

IMPRESSUM

Bildnachweis
121 Farbfotos wurden von Rogge & Jankovic Fotografen, Düsseldorf, für dieses Buch aufgenommen.

Impressum
Umschlaggestaltung von Gramisci Editorialdesign, München unter Verwendung von zwei Farbfotos von Rogge & Jankovic Fotografen, Düsseldorf.

Unser gesamtes lieferbares Programm und viele weitere Informationen zu unseren Büchern, Spielen, Experimentierkästen, DVDs, Autoren und Aktivitäten finden Sie unter **kosmos.de**

Gedruckt auf chlorfrei gebleichtem Papier

© 2013, Franckh-Kosmos Verlags-GmbH & Co. KG, Stuttgart.
Alle Rechte vorbehalten
ISBN 978-3-440-13473-3
Projektleitung: Birgit Grimm
Redaktion: Birgit Grimm
Gestaltungskonzept:
Gramisci Editorialdesign, München
Gestaltung und Satz:
Cordula Schaaf, Grafik-Design, München
Produktion: Ralf Paucke
Printed in Slovakia / Imprimé en Slovaquie

MIX
Papier aus verantwortungsvollen Quellen
FSC® C084279